Architectural Workshop Ise 2018

建築学生ワークショップ伊勢 2018
「満了する平成最後の年に」

03	目次
04	序文
09	開催の軌跡
10	開催にあたって
12	参加学生
	作品
14	1班｜支え続け、変わり続ける
20	2班｜ケをハレ
26	3班｜あひだ
32	4班｜アニマの骨格
38	5班｜届きそうで届かない
44	6班｜サイクル
50	7班｜伝承によって伝わるもの
56	8班｜kidzuki
64	式辞
65	講評者
66	総評
84	あとがき
87	謝辞

付録：プロセス（実施制作に向けた経緯）

付録 02	建築学生ワークショップ伊勢 2018 公開プレゼンテーション
付録 04	公開プレゼンテーションの開催にあたって
付録 06	参加説明会
付録 10	現地説明会・調査
付録 12	各班エスキース（東京会場・大阪会場）
付録 14	提案作品講評会
付録 15	実施制作打合せ
付録 16	計画敷地
付録 18	1班｜支え続け、変わり続ける
付録 20	2班｜ケをハレ
付録 22	3班｜あひだ
付録 24	4班｜アニマの骨格
付録 26	5班｜届きそうで届かない
付録 28	6班｜サイクル
付録 30	7班｜伝承によって伝わるもの
付録 32	8班｜kidzuki
付録 35	総評｜提案作品講評会を終えて
付録 39	建築学生ワークショップ伊勢 2018 開催にあたって
付録 40	講評者プロフィール

序文｜「建築学生ワークショップ伊勢２０１８」開催に寄せて　ー神宮式年遷宮の歴史的変遷ー

神宮主事／神宮司庁　広報室広報課長

　私が平沼孝啓氏と親交を深めるきっかけとなったのは、今からもう３年ほど前の出来事になるであろうか。友人の紹介で、ある日平沼氏が神宮司庁広報室を訪ねられたときのことによる。その際、将来建築界に羽ばたくであろう卵が集う、つまり全国の大学生による集い、建築学生有志のワークショップに協力願えないかとの依頼を受けたのである。これが平沼氏と知己を得るきっかけとなった。しかしこの申し出には正直驚いた。大学生の合宿によるワークショップの受入事務も場所の提供も記憶を辿る限り前例を知らず、当所この企画に協力することは到底無理であろうと思った。

　伊勢での開催は極めて困難、と半ば消極的な気持ちを抱きながら、平成２８年９月４日（日）、平沼氏のお招きにより、友人の宮嶋浩一氏と一緒に奈良県明日香村で開催された公開プレゼンテーションに公休を利用して参加させて頂いたのである。そこでは建築界で活躍される有識者の助言を得て、建築学生が知恵を出し合い限られた資材を駆使し、その土地の歴史や文化にちなんだ作品を製作していた。何の予備知識も得ず、ただ好奇心で参加したワークショップであったが、何かしら感動を覚えた。プレゼンテーションでは、各組学生諸氏が協力し合い、その作品に込めた情熱を力説し、それに対し講師が的確な講評をする。それは明日香村の風土に照らし、どれだけ作品にアイデアと創造性が込められているかで評価されるワークショップであることをそのとき知ったのであるが、それぞれの作品の出来栄えはともかく、私は将来建築家を目指す大学生が、明日香村の郷土史を大いに勉強するきっかけとなったこの企画に何よりも感銘を受けたのであった。翌年は８月下旬に比叡山で開催された。明日香村の時と同様、学生が延暦寺の寺院建築や歴史を真摯に学んだことも痛感した。郷里滋賀の文化に学生が触れるきっかけとなったことは別の意味でも嬉しかったが、私はその際、伊勢での開催が実現できれば、将来の式年遷宮の啓蒙推進になるのではないかと真剣に考えた。この建築学生ワークショップは次期式年遷宮の啓発にきっと繋がるだろうと期待した訳である。そこで伊勢市産業観光部理事須崎充博氏をはじめ、同部観光推進課課長東世古幸久氏、同係長中村洋氏以下伊勢市の行政と外宮参道発展会会長山本武士氏、友人の宮嶋浩一氏等に相談した。今回、彼らの惜しみない協力を得て本会の実現に何とかこぎ着けることができた。誠に喜ばしい限りである。

　神宮式年遷宮とは、２０年に一度、正殿をはじめ諸殿舎、御装束・神宝に至るまですべてを新たに造り替え、大御神に新宮へお遷りいただく祭りをいう。式年とは「定められた年」という意味で、延暦２３年（８０４）に内宮禰宜が神祇官に提出した解文『皇太神宮儀式帳（こうたいじんぐうぎしきちょう）』に「常に二十箇年を限りて一度、新宮に遷し奉る」とあり、ここに２０年に１度という式年の根拠が示されている。さらに延長５年（９２７）に成立した、古代法典『延喜大神宮式（えんぎだいじんぐうしき）』によれば、国家の威信をかけて皇大神宮正殿（こうたいじんぐうしょうでん）・東宝殿（とうほうでん）・西宝殿（さいほうでん）及び外幣殿（げへいでん）を２０年に１度新造し、度会宮（わたらいのみや）（『延喜式』には「豊受大神宮（とようけだいじんぐう）」を「度会宮」と記している）・別宮等もこれに倣い、宮地は二所を定めて交互に遷座する旨がはっきりと記されている。また古く後醍醐天皇の元亨（げんこう）３年（１３２３）内宮第３４回正遷宮（しょうせんぐう）（式年遷宮を古くは正遷宮と称した）までは「式月式日（しきげつしきじつ）」と申し上げ、遷宮を行う月日が定まっていた。内宮は９月１６日、外宮は２年後の９月１５日といずれも神嘗祭由貴大御饌（かんなめさいゆきのおおみけ）の日に行われるのを通例とし、大御神に瑞々しくなった新殿へお遷りいただいた後に、新穀をたてまつっていた。このように式年遷宮が神嘗祭と不可分の性格をもつ祭りであることから「大神嘗祭（だいかんなめさい）」とも称される。

　ところで、伊勢は「磯」を語源とすると一般にいわれている。初代神武天皇の御製に「神風の伊勢の海」という言葉があるように、早く神代からの地名として伝わっている。また「神風」は古くより伊勢の枕詞として用いられている。『日本書紀』によれば、第１１代垂仁天皇の御代、天照大御神（あまてらすおおみかみ）は倭姫命（やまとひめのみこと）に「この神風の伊勢の国は、遠く常世から波が幾重にも寄せては帰る国である。都から離れた一地方であるが、美しい国である」と仰せられた。

　風光明媚で温暖な気候の伊勢は、都のある大和地方から真東に位置し、四方を山に囲まれているものの伊勢平野の先には海が広がっている。大和と東国とを繋ぐ重要な拠点であったことでも知られている伊勢であるが、海を知らない都人にとって、常世の浪が打ち寄せる果てしない豊饒な海から太陽が昇る伊勢は、昔から新鮮な海の幸、山の幸に恵まれた誠に憧憬な地であった。２，０００年以上も前に五十鈴川（いすずがわ）のほとりに天照大御神の大宮地が定められた理由はそこにあるといえよう。

「豊受大神宮（外宮）板垣南御門と外玉垣南御門」

「皇大神宮（内宮）御正殿」

　さて、神宮式年遷宮は大きく次の３つの構成に分けられる。まず１、唯一神明造の御正殿をはじめ、主要な殿舎一切を新しく御造営申し上げる、社殿造営。次いで２、古来の様式に倣い、御装束及び神宝を当代最高の伝統技術によって御調進申し上げる、神宝奉献。現在は７１４種、１，５７６点にも及ぶ御料が調進される。太刀は６０振、鉾は５５竿、弓は５９張、矢羽根に至っては４，０８０本も調製される。そして３、神様に新しい御社殿に御遷り頂く行事や祭典。遷御の年の８年前に遷宮の御準備が本格化し、３３にわたる諸祭・諸行事が斎行される。このように遷宮は３構成に大別できるのである。

　それでは、ここで遷宮の歴史的変遷について簡単に述べることにしたい。式年遷宮の初見は、内宮禰宜家に代々伝えられた古い記録文『太神宮諸雑事記（しょぞうじき）』（平安後期成立）にみられる。それによると、持統天皇４年（６９０）に内宮、同６年外宮において、初めて遷御が斎行されたと記されている。この式年遷宮は、天武天皇の御宿願により、持統天皇の御代に至って制度化されたといわれている。
　なお、立制以前の造営については、同書に「抑々朱雀（朱鳥）三年以往の例は二所太神宮の殿舎、御門、御垣等は宮司が破損の時を相待ち、修補し奉る例なり」とあり、著しい破損により尊厳を護持しがたいとき、宮司がこれを修補していたことを伝えている。
　平安から鎌倉に至る１５ヶ度の遷宮記録より例証を抄出した『遷宮例文（せんぐうれいぶん）』（１３６２）に神宮式年遷宮は「皇家（こうか）第一の重事、神宮無双の大営也」とあり、立制以来国家の公的制度の下に位置づけられ、斎行については時の国家、行政機関が天皇の命を受けて責任をもって行うことを原則としてきた。『皇太神宮儀式帳』によると、京都から造宮使（ぞうぐうし）という監督権を持つ官吏（かんり）が木工４８人を率いて赴任し、伊勢・美濃・尾張・三河・遠江の５ヶ国から国ごとに国司・郡司が役夫を率いて従事することが定められていた。やや下って『延喜大神宮式』には造宮使に対する給付や工匠・役夫に対する糧食などは、すべて神郡及び神戸（かんべ）の神税（しんぜい）を用い、不足の場合は正税（しょうぜい）（国庫）から補充すべきことがみえている。これによっても遷宮にかかる国家的意義の容易ならざることが知られる。
　しかし平安中期以降、律令制度が崩れると、神税の収納、役夫の徴収が困難となった。そこでこれに代わり、新たに大神宮役夫工米（やくぶくまい）（大神宮役夫米作料）の名のもとに、全国にわたって定率の米穀賦課が命じられることとなった。この役夫工米の制度は、室町時代に至る約４００年間遷宮の経費を支弁した。ところが戦国争乱の世になると、その徴収もままならなくなり、両宮の遷宮は一時中断せざるを得なくなった。
　その後、この正遷宮復興のため、遷宮浄財の勧進に尽力したのは、慶光院上人（けいこういんしょうにん）という尼僧である。まず守悦（しゅえつ）上人が、五十鈴川に架かる宇治橋が流失して参宮者が難渋するのを嘆き、諸国を行脚（あんぎゃ）し勧進に努め、集まった浄財によって明応７年（１４９８）閏１０月に宇治大橋を新しく架け替えた。その赤誠は３代目清順（せいじゅん）上人に受け継がれ、皇室の御信任を篤くし、天文２０年（１５５１）に慶光院の院号を後奈良天皇より賜わり、初代守悦にも追称された。正親町（おおぎまち）天皇の永禄６年（１５６３）１３０年ぶりに外宮の正遷宮が遂行されたのも、偏に清順上人の奔走勧進によるものである。しかしながら正遷宮再興が内宮にまで及ばなかったことを、４代目院主となった周養（しゅよう）上人は深く遺憾とし、両宮の遷宮費を募ったところ、織田信長がこれに応え、３，０００貫文を献納した。また信長の意志を継いだ豊臣秀吉は、金子５００枚と米１，０００石を寄進し、遷宮の御事に斡旋したといわれている。こうして天正１３年には内宮では１２４年ぶりに正遷宮が執り行われ、爾来両宮同年に斎行されることとなった。

「第62回神宮式年遷宮 御木曳行事（内宮領 川曳）」

「第62回神宮式年遷宮 外宮 上棟祭」

「第62回神宮式年遷宮 内宮 奉幣」

※ 写真は全て「神宮司庁提供」

　江戸時代においては、慶長14年（1609）の第42回の正遷宮に対して徳川家康より両宮造営料として米60,000俵が献ぜられ、以来毎度の遷宮には幕府より30,000石が寄進された。寛永6年（1629）の第43回が前回より数えて21年目（実年数20年）に行われ、以後これに倣い、式年遷宮は中絶することなくその制度は守られている。

　中世伊勢神道の唱道者である度会（村松）家行（いえゆき）が著した『類聚神祇本源（るいじゅうじんぎほんげん）』に「神気（しんき）」という言葉がある。仏像のように神道の神の存在は目で見るものではなく、気を感じることに意味がある。「来て、見て、感じる」ということ、それが神道の精神だと思う。

　西行（さいぎょう）法師が「何事のおはしますかは知らねども　かたじけなさに涙こぼるる」（天照大御神のご神徳は計り知れないもので、どのような神事がここで行われているか私には理解できないが、ただ有難くしきりに涙がこぼれるよ）と詠んだ歌が今日伝わる。このワークショップで、学生諸氏にその点を感じ取っていただけたら幸いである。そして伝統文化を継承することの大切さも同時に理解していただきたい。それが神宮式年遷宮の意義を学ぶきっかけになると確信する。

　恩師の皇學館大学名誉教授田中卓（たかし）先生は、私が皇學館大学院生の頃、「歴史は足で書くものなり」と口癖のように仰っていたが、いまそのことを鮮明に想い返した。田中先生の御教えの通り、現地での実地調査は如何に大切かを痛感する。神都と称される伊勢の地で、建築学生諸氏が感じ取る気風は様々であろうが、その土地の文化や風土を実際に足を踏み入れて肌で感じることは、学問の真理の追究の第一義と考える。諸氏にとって実り多いワークショップとなることを念願する次第である。

　文末にあたり、もう少し紙面をお借りして苦労話に浸りたい。この「建築学生ワークショップ伊勢2018」の計画が軌道に乗ってから、平沼氏はスタッフを引率して何度も神宮に参拝並びに打合せにこられた。乗り越えなければならない障壁がいくつもあったからである。殊に平成29年10月に襲った台風21号の影響により、せんぐう館が甚大な被害を受け臨時休館となり、それに加えてまがたま池周辺の閉鎖も余儀なくされたことは、本会開催に向けたいへんな痛手となった。当該地を会場として使用の交渉をしていた矢先のことであったからである。その後、縷々検討したが、神宮施設の使用はなおさら困難を極めた。しかし最終的に当局の深い理解を得て、外宮北御門（きたみかど）広場の使用許可を得ることができた。私は、積年の苦労も報われたかなと安堵で胸をなでおろした。

　末筆ながら、このワークショップにご協力・ご協賛賜りました関係各位に深甚なる謝意を申し上げます。

2018年5月31日

音羽 悟

内宮宇治橋前

開催の軌跡｜建築学生ワークショップ伊勢2018

2017年　8月27日（日）
　　　　伊勢開催決定

　　　　11月23日（木）
　　　　座談会

2018年　5月10日（木）
　　　　参加説明会開催（東京大学）

　　　　5月17日（木）
　　　　参加説明会開催（京都大学）

　　　　6月23日（土）
　　　　現地説明会・調査

　　　　7月14日（土）
　　　　各班エスキース（東京会場・大阪会場）

　　　　7月28日（土）
　　　　提案作品講評会

　　　　7月29日（日）
　　　　実施制作打合せ

　　　　8月28日（火）～9月2日（日）
　　　　現地集合・資材搬入・制作段取り
　　　　合宿にて原寸制作（6泊7日）

　　　　9月2日（日）
　　　　公開プレゼンテーション

　　　　9月3日（月）
　　　　撤去・清掃・解散

開催にあたって｜建築学生ワークショップ伊勢 2018

アートアンドアーキテクトフェスタ　AAF

　「日本の建築」が世界に誇れる存在である理由は、先祖の教えを敬い、自然を愛し、和をもって貴しとした、私たちがもつ大切な日本人の精神性だと感じています。このたび伊勢神宮にて、長い時間に築かれた日本の精神性に関係が深いことをあたらめて知る機会を得ることとなりました。「建築学生ワークショップ」とは、全国から公募で集った建築や環境、芸術やデザインの分野を専攻する大学生や院生を対象にした、地域滞在型のワークショップです。このワークショップでは、通常取り組めないような、日本の聖地で、その空気を感じ、特別な環境で実際に作品の提案が制作できる経験をすることを目的としています。

　一般社会にも投げかけていけるようにと 2010 年、地元の方たちと共同開催での参加型の取り組みとなっていくことを目指し、平城遷都 1300 年祭の事業として、考古遺跡としては日本初の世界文化遺産、「平城宮跡（奈良）」での開催にはじまりました。続く 2011 年は滋賀・琵琶湖に浮かぶ「神の棲む島」と称される名勝史跡、「竹生島（滋賀）」にて、宝厳寺と都久夫須麻神社と共に、無人島である聖地に、地元周辺の方たちと汽船で通う貴重な開催ができました。そして 2015 年、真言宗総本山の世界遺産「高野山（和歌山）」では、開創法会 1200 年となる 100 年に 1 度の年に、金剛峯寺様との取り組みから境内をはじめとした聖地で開催、また猛烈な暑さの中での開催となりました 2016 年の夏のワークショップは、日本の故郷とも称される原初の聖地、「明日香村（奈良）」において行うことができました。ファイバースコープによって北壁の玄武図が発見されてから 30 年を経て、一般公開される直前のキトラ古墳と国営飛鳥歴史公園の開園プレ事業としての位置づけで、貴重なキトラ古墳の麓に小さな建築を実現できたことは、今後、建築をつくる生涯においても稀で、なかなか得難い大変貴重な経験となり、参加をした学生の皆さんの記憶に残る取り組みとなったことでしょう。

　そして昨年の日本仏教の聖地、比叡山延暦寺の開催を経て、平成最後となる今年は、伊勢神宮での開催が叶いました。建築・美術 両分野を代表する評論家をはじめ、第一線で活躍をされている建築家や、世界の建築構造研究を担い教鞭を執られているストラクチャー・エンジニアによる講評。また、近畿二府四県の大学で教鞭を執られ、日本を代表されるプロフェッサー・アーキテクトの先生方に、厳しくも愛のある指導を受けることも、生涯の記憶に残るような幸運であったと、想い返すことになる貴重な機会となるでしょう。この大切な記憶がまたひとつ増えるような取り組みです。

　このワークショップでは、現在活躍中の若い世代やこれから社会に出ていく学生が、歴史と共に存在する文脈を知ると共に、場所性やコンテクストを解きほぐしながら新たな道を切り開いていくことに挑んでみたいという気持ちを強く持つことや、日本の原点に戻り、現代の日常生活で忘れかけている素晴らしさを改めて知る貴重な機会としていただければ幸いです。

　私たち AAF アートアンドアーキテクトフェスタは引きつづき、学生や若い世代が中心となり、成熟した社会に対して新たな価値となる提案を試みます。新しい建築を作り続けることばかりではなく、今ある建築を長く使い、未来へその文化を継いでいくための建築手法を発見していくことを目指します。次の時代を担う人たちは、自らが価値を生み出し自らの体験を伝えていくような、知性あふれるレクリエーションの場を広げていきます。建築や環境、芸術やデザインを志す者たちが、これからできることは何かを切実に考え、将来の新たな環境の可能性に向けて、全力で活動していきます。

　どうかこのドキュメントブックを手にとられた皆様方におかれましては、ぜひ今後も AAF の活動にご興味をお持ちいただき、ご理解とご賛同をいただければ幸いです。これからも多くのご支援とご鞭撻の程、心よりお願い申し上げます。

2018 年 8 月 1 日

AAF 運営スタッフ

澤田 莉沙（大阪大学大学院 修士 2 年）　　大塚 悠平（摂南大学大学院 修士 2 年）　　松岡 智大（大阪工業大学 修士 1 年）　　小野 萌子（摂南大学 4 年）
板倉 日向子（京都女子大学 4 年）　　　　原之園 健作（大阪市立大学 4 年）　　　　古川 菜帆（大阪工業大学 4 年）　　　　宮本 勇哉（大阪建築専門学校 2 年）
廣門 晴人（摂南大学 3 年）　　　　　　　山本 康揮（大阪工業大学 2 年）

建築学生ワークショップ伊勢 2018　参加学生

募集対象者は、建築や環境デザインなどの分野を学ぶ、国内外の学部生や院生です。

今年は 50 名の参加学生と運営サポーターを公募しました。

6 月に参加説明会を終え、今年は 100 名を超える応募から、こちらの学生たちが選考を通過しました。

1 班　|　支え続け、変わり続ける

1 班：班長　内田早紀（東京大学修士 2 年）
原瑞穂（鹿児島大学 4 年）　　　　岩木克仁（室蘭工業大学 4 年）
竹本調（三重大学 2 年）　　　　　重政幸一朗（首都大学東京 2 年）

2 班　|　ケをハレ

2 班：班長　千葉大（東北大学修士 2 年）
西田静（東京大学 3 年）　　　　　前田るり（長崎総合科学大学 3 年）
小林美汀香（武庫川女子大学 2 年）　四村啓（大阪市立大学 2 年）

3 班　|　あひだ

3 班：班長　眞船峻（東京藝術大学修士 2 年）
河合美来（工学院大学 2 年）　　　池上功祐（鹿児島大学修士 1 年）
森田麻友（奈良女子大学 2 年）　　川畑太輝（和歌山大学 3 年）

4 班　|　アニマの骨格

4 班：班長　鮫島卓臣（東京理科大学 3 年）
武井あずさ（東京理科大学 3 年）　小林奈央（京都府立大学 2 年）
奥山葵（関西学院大学 2 年）　　　太田大貴（立命館大学 2 年）

運営サポーター
阿野 妙子（中央工学校 OSAKA 2 年）
丹羽 麻友美（関西大学 4 年）
渡邉 拓巳（早稲田大学 修士 1 年）

5 班 ： 班長　田村健太郎（鹿児島大学修士 1 年）
高木麟太朗（東京大学 3 年）　　稲垣吉城（金沢大学 3 年）
進藤風子（関西学院大学 2 年）　玉村愛依（東京電機大学 2 年）

5 班　｜　届きそうで届かない

6 班 ： 班長　矢尾彩夏（東京大学修士 1 年）
持井英敏（京都工芸繊維大学修士 2 年）　矢部嵩晃（東洋大学 3 年）
小宮伊織（関西学院大学 2 年）　　　　　夏目亜利紗（大阪工業大学 2 年）

6 班　｜　サイクル

7 班 ： 班長　小林大介（慶應義塾大学修士 2 年）
有田啓悟（東京大学 3 年）　　松浦光紗（武蔵野美術大学 3 年）
塩田彩乃（関西学院大学 2 年）　伊藤奏多（工学院大学 2 年）

7 班　｜　伝承によって伝わるもの

8 班 ： 班長　田中太樹（芝浦工業大学修士 2 年）
MirzadelyaDevanastya（東北大学修士 1 年）　　　明石絢実（武蔵野美術大学 3 年）
山藤千穂（京都女子大学 2 年）　嵩山明音（東京大学 1 年）

8 班　｜　kidzuki

1班　支え続け、変わり続ける

（規模）　面積　5.0 ㎡　　（構造）　主体構造　糸による張力構造
　　　　高さ　3.5m　　　　　　　　素材　　　木、糸

「繰り返す」ことが「祈り」だとするならば、神宮の歴史とは、人々の祈りの歴史だと言えるのかもしれない。日毎朝夕、火を起こし、御饌をつくり続ける。稲を育て、海の幸をいただき、その恵みに感謝し続ける。殿を新たにし、森を育て、神宮の姿を未来へと受け継いでいく。それぞれの周期は違えど、太陽や風の動き、季節の変化、年月の経過に従って、伊勢神宮はその歴史に日々「変化」を織り込み続けている。繰り返すことによる祈り、という時、織物の美しさを想起した。糸を紡ぎ、たてに、横に、糸を織り続ける。その端正な繰り返しの中に、人々の祈りが込められているように思う。この地にフォリーを考えるとき、わたしたちの作り出す空間も、そんな祈りを感じられるようなものであってほしいと思った。

　神宮の配置が人を導くように、フォリーもまた、広場の人々の意識をそっと外宮に導いていく。木々は地面から立ち上がり、糸は天から降るように。対となる2つの面の重なりは、神宮の後ろにそびえる山々の稜線に連なり、人々にその存在を意識させる。フォリーによって織りなされた光と陰は、流れる時間の変化をより克明に描き出す。そうして、私たちはこの場所に新たな変化を刻んでいく。

　変わり、あらため続けること。それによってこそ支えられ、受け継がれてきた心があること。

　その祈りの歴史、そしてこの心を未来に紡いでいくという私たちの意思を、このフォリーに表現した。

1班　支え続け、変わり続ける

フォリーは「木」と「糸」、2つの素材を織り重ねて作られる。「変化を繰り返す」という儚いとも言える仕組みによって神宮が今日まで紡がれてきたという事実を、2つの素材の対比によって表現することを試みる。

敷地となる広場からは、外宮の背に控える高倉山を望むことができる。木と糸の交差点をこの稜線に連ねて、神宮を支える神宮の森の存在を意識させることを目指した。

木材の断面は全て75角に統一した。木の角度は外宮に近づくほどに低くなり、人々が一度頭を下げてから、改めて外宮へ向かえるようにした。糸は、木の躯体を補強する役割を果たしながら、頭上から地面へと降りてくる。敷地には仮設テントを張るための30cmほどの穴があり、それを利用して地面に糸を張り、固定している。木の面に対し、糸の面によって人々を外宮へと導けるよう配置した。

支え続け、変わり続ける　1班

班長　内田 早紀（東京大学 修士2年）
原 瑞穂（鹿児島大学4年）　　岩木 克仁（室蘭工業大学4年）
竹本 調（三重大学2年）　　重政 幸一朗（首都大学東京2年）

構造計画

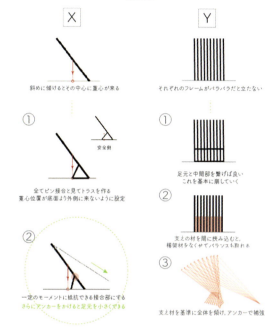

1日目｜制作の様子

2日目｜制作の様子

3日目｜制作の様子

4日目｜班会議の様子

5日目｜制作の様子

6日目｜設置完了

■ 制作過程

木の躯体には長さ4mの75角杉材を用いた。全て木目を揃えてご用意いただき、初日に各面で同じ木目が現れるよう割り付け・切り出しを行なった。2～4日目は、10あるフレームのそれぞれについて仮組みを繰り返し、たわみと重心位置のずれを確認した。合わせて仮組みで生じた穴に共材のだぼを作って補修すると共に敷地の水準出し、糸の切り出し等移設の準備を行った。5日目に敷地に運び、フレームを互いに組み合わせて、敷地に合わせて足元を切り直すことで各材の角度を調節した。立ち上げの前に、躯体にあらかじめ糸を固定しておき、フレーム結合後地面に向けて糸を張り出すことによって構造の補強とした。糸の始点としてよく見える部分には折釘を用い、残りの時間で仕上げを行なった。

1班　支え続け、変わり続ける

2班　ケをハレ

（規模）　面積　5.41㎡　（構造）　主体構造　膜構造
　　　　高さ　2.70m　　　　　　　素材　　竹、オーガンジー

式年遷宮の特異性により、2棟が並ぶ瞬間は20年という時間を対比的に見ることができる稀有な例と言える。一方は未来とも過去とも形容でき、経年変化の始点と終点を同時に観測できる。あくまでもこれはどの実態にもありえる微細な変化の蓄積であり、1日の中においてもそれは蓄積され続けている。それは自然現象だけではなく時には人の手により、跡として残る場合もある。今回提案するフォリーはそのような変化を日常的な空間において、形態的な視点から観測しようという試みである。

　製作するフォリーは幕構造を採用し、短い時間で多様な変化を受け入れる素材を検討した中で布を用いることを選んだ。加えて膜構造に近い全体の構造を採用し荷重の増減や材にかかる応力を分類化することで、通常の建材に利用されるような材料だけではなく、よりものに近いスケールの材が利用されることを想定している。

　敷地が神宮入り口付近にあるため、公共交通機関を利用してくる参拝客は1日の中で2度フォリーを目にする可能性がある。1日の流れの中でフォリー自体の形態変化や、荷重材となる水や石などの変容する様子を体感してもらいたい。

　式年遷宮や伊勢神宮内での様々な種類の対比関係を受け、製作するフォリーにおいても伊勢の様々なものや現象との対比関係を作り出すことを計画している。特に、そのものや現象は日常的に起こりうることを対象としている。

2班　ケをハレ

本作品の主要な構造材は径が 15mm 〜 25mm の細い竹とオーガンジーという布である。それらは水や風の影響を受け、しなりやうねり等の形態的変化を伴う。また、反対にその形態的変化は水や風に対する影響を及ぼすきっかけともなり、連続的に形態が変化するサイクルを生み出すきっかけともなる。

微細なきっかけを逃すことなく形態変化に取り入れることを想定し材の結合は強すぎることなく、かつ自立するように楔による接合を試みている。さらに今回は布と竹の異素材を用いているため、接合箇所によっては硬さの違う楔を用いている。V の字の根元は真鍮、布と竹の接合に関してはゴムなど、硬さや強度は使用箇所と接合される材をもとに検討した。

ケをハレ　2班

班長　千葉 大（東北大学 修士2年）
西田 静（東京大学 3年）　　　前田 るり（長崎総合科学大学 3年）
小林 美汀香（武庫川女子大学 2年）　四村 啓（大阪市立大学 2年）

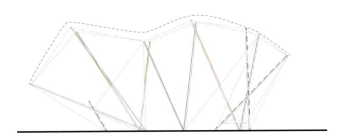

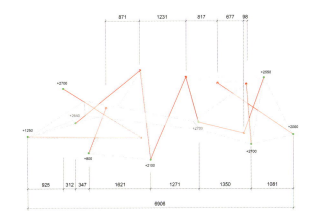

1日目｜制作の様子

2日目｜班会議の様子

3日目｜制作の様子

4日目｜制作の様子

5日目｜制作の様子

6日目｜設置完了

■ 制作過程

　WS 開始前日、神宮司廳様の多大なる御厚意から竹を譲っていただけることとなり、3 班と共に竹刈りを行う。材のしなりを考慮し、竹の径が 20 〜 35mm の物を中心に選定した。WS 開始、竹の製材・鋼材のカット・穴あけ用の治具の作成から始まり、V 字ユニットの製作へ向かう。それぞれのユニットが完成したところで、大幅な設計変更。土台で接地する端部を固定する予定であったが、それを取り外し V 字ユニットの配置による重心の調整と接合部の剛接化による自立を目指すこととした。模型による形態の検討と並行し、ユニット同士の接合方法の検討を行い、他部の収まりとの親和性を考え 2 本の竹を 3 本の丸鋼で固定する手法を採用した。4 回ほどの仮組を行った。

2班 ケをハレ

3班　あひだ

（規模）　面積　8.00 ㎡　（構造）　主体構造　竹
　　　　　高さ　3.00m　　　　　　　素材　　和紙、竹

伊勢神宮に立ち入ったとき、感じたもの、それは我々を包む大きな存在であった。森と水と建築の全てが、一体となった雰囲気。森の中に佇むお社（建築の姿）は、決して主張せず、ひっそりと自然の中に在るだけであった。なのに"なぜ"か、なめらかな部材や幽玄な外観には、強い気配が確かに存在していたのである。今回は、その"なぜ"を一つの建築として敷地に出現させる。伊勢を満たす空気の一部を可視化し、更新されることによって蓄積される時間や、心御柱のように、そこに存在するのに、触れることのできない気配を建築を通して現わしてみたい。伊勢神宮という特殊な場所に、私たちはどのような建築を提案することができるのか。ここで建築を考えるということは即ち、太古の昔から伊勢の空気の中に存在する、見えない何かを発掘するようなものだと考えた。

　そこで、様々な角度で伊勢を眺めてみる。伊勢には、森から街、街から海といった自然の力の流れがあり、今回の敷地は、その流れの中間に位置する。また、伊勢神宮の小さなお社は、周囲との距離を保つことで、緊張感や静寂を感じさせる。更に、伊勢神宮には「常若の精神」という考えがあり、これは「いつでも若々しいことではなく、限界時に現れる新しい未来のエネルギー」を意味し、新しいものと古いものの混在が、過去・現在・未来といった時間を表現する。物理的なものとそうでないもの、それらを『あひだ』という言葉で総称し、伊勢神宮の隠すもの（≒杜）隠されるもの（≒社）の関係のように重ね合わせ、空間を形づくる。

3班　あひだ

フォリーは、伊勢市の市街地と伊勢神宮の間に位置する北大御門広場の中心に建つ。フォリーは【エントランス・通路・メイン】の3つの空間が、織り込まれた和紙と、竹の構造材によって構成され、街から山々という一つの軸線上で、それぞれ異なりつつ一連となった空間を持つ。【エントランス】から【通路】にかけて伊勢和紙の天井は低くなり、伊勢の杜を進む中で徐々に感じた神気を、空間から受ける制約を通して表現する。【メイン】空間は4枚の高い壁によって囲まれ、天に空いた隙間から落ちる光が、心御柱のような、形の見えない存在感を作り出す。また、周囲に配された他班のフォリーの存在も、和紙に空く隙間から垣間見える。我々が伊勢神宮で感じた雰囲気、杜の中を進む中で常に何かの存在を感じながら奥へ奥へと進んでいく体験を、建築という言語でここに表す。

あひだ 3班

班長 眞船 峻（東京藝術大学 修士2年）
池上 功祐（鹿児島大学 修士1年）　川畑 太輝（和歌山大学 3年）
河合 美来（工学院大学 2年）　森田 麻友（奈良女子大学 2年）

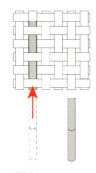

A) 様々なモノを編み込む
コンセプトと構造のイメージ

B) 構造体
織り込まれた和紙に竹を編み込む

1日目｜制作の様子

2日目｜制作の様子

3日目｜班会議の様子

4日目｜制作の様子

5日目｜制作の様子

6日目｜設置完了後 作品内側からの風景

■ 制作過程

事前準備として、各自900mm×900mmの障子和紙の折り込みを行った。ワークショップ前日の27日に、フォリーに竹を使用する2班と3班の合同で竹狩りを行った。合宿1日目と2日目に、前日に採った竹を鉈などの工具を利用し、細い竹ひごに製材加工を行った。更に事前に用意した和紙に防水加工を施した。作業途中雨が降り、和紙の耐水実験を行えた。また全員で、伊勢和紙を購入するために大豊和紙工業株式会社を訪ね、工場を見学し手漉き和紙を作る様子を見て学ぶことができた。3日目と4日目にフォリーのメイン空間、エントランス、通路部分の編み込み和紙に竹を順に編み込んだ。5日目に天井部分をつくり、全員でフォリーを移設し、建ちあげた。

3班　あひだ

4班　アニマの骨格

（規模）　面積　9.0㎡　（構造）　主体構造　木造
　　　　　高さ　2.8m　　　　　　素材　　　スギ角材赤身、丸ダボ

アニマとは原始人々が巨石や巨木、天候や人智を越えた自然物の中に宿ると考えていた精霊を表し、これら「自然物の中を蠢めく何か」を畏敬し、そして祀ることから日本独自の神道の思想は生まれたと言える。今回の敷地、伊勢神宮にもこの思想は強く根付いており、それらは伊勢志摩の夫婦岩や伊勢・松下社の大楠にも顕著に表れている。私たちはこの伊勢の土地で、内宮と外宮が持つ唯一神明造や、太い木材を用いた荘厳な建築の持つ神道の伝統の重みを体で感じるとともに、それらの周囲に雄大に広がる大自然の、言葉では言い表せない生命性、「アニマ」を強く感じた。そして私たちは現代人が忘れかけていた自然の力の偉大さ、そしてその絶えず動き続ける自然に対する畏怖の念を再確認した。

　そこで、私たちはこの伊勢の地で「アニマ」にフォリーを通して「かたち（骨格）」を与えることで、伊勢神宮の精神、そしてその根本に存在する生命への尊敬と畏怖を感じることができるような空間体験を創出したいと考えた。

　骨格を作る上で私たちは伊勢神宮を発祥とする神社建築の様式である千木を骨格のDNAとして引き継ぎ、生物の中心的な骨格である「背骨」の成り立ちに倣ってこれらを再構成する。背骨の成り立ちに着目したのはアニマの存在への意識は元来、自然物への畏敬であると同時に人間自身の見えそうで見えない体内（骨や体液、体の成り立ち）への内的な問いが根本にあると考えたためである。

4班　アニマの骨格

提案するフォリーは2つの象徴的な「千木」が、背骨のようにらせん状にねじれながら連結した木材の構造体によって、動きを持ちながら接続されかろうじて自立している。ねじれる構造体は連続性を持って空間を切り取りながら、鳥居をくぐるような空間体験の場を作り出す。伊勢神宮の建築形式を踏襲する2つの千木と、生命性を感じさせる連なる材の構造体とこの空間体験よって構成されるこのフォリーは、見る角度や体験によって人々に多様な解釈をもたらす。ある角度から見れば千木と鳥居のような伝統を感じさせ、また別の角度から見れば蠢く「何か」の巨大な背骨のようにも見える。人々はこの動きのある構造体を体験することでアニマに通ずる生命性を感じるとともに、それらを「かたちづくる」伊勢神宮が積み重ねてきた伝統的な形式を見出す。

アニマの骨格　4班

班長　鮫島 卓臣（慶応義塾大学 修士1年）
武井 あずさ（東京理科大学 3年）　小林 奈央（京都府立大学 2年）
奥山 葵（関西学院大学 2年）　太田 大貴（立命館大学 2年）

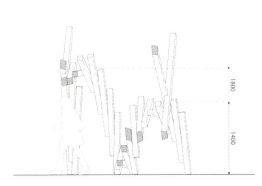
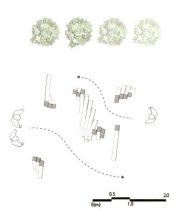

1日目｜制作の様子

2日目｜制作の様子

3日目｜制作の様子

4日目｜制作の様子

5日目｜制作の様子

6日目｜設置完了

■ 制作過程

1日目は105角材の切り出しを行い、同時に相欠きの加工を行った。角材の切り出しでは地元の大工さんの助けをいただき、予定よりも遥かに早く加工を終えることができた。2日目はダボ打ちの位置確認とドリルによる穴の穿孔を行った。スムーズに進んだが、最後に相欠きの間違いが発覚し、3日目に修正を行うことになった。前日の作業を元に、3日目は再び地元の大工さんの素晴らしい技術に助けられ、相欠きの修復を予定の数倍早く行うことができた。同時に木材のダボ打ちを行い材を組み上げて行った。4日目には組み上げた材の重さに苦戦しながらも、フォリーの半分を組み上げることができ、構造の確認と全体像の把握を行うことができた。

4班　アニマの骨格

5班　届きそうで届かない

（規模）　面積　9.0㎡　　（構造）　主体構造　S造
　　　　　高さ　2.5m　　　　　　　素材　　　鋼材、木材、綿ロープ、布

私たちは伊勢神宮と対峙した時に、御正宮は目の前に見えているが、心では到底近寄ることのできないような大きな距離感を感じた。神聖な伊勢神宮に対して、手が届きそうではあるが、決して届くことはないという印象を持ったのである。伊勢神宮において、永い年月をかけて培われた神宮の森に、古代からの伝統を引き継いでいる社殿が鎮座する様が、視覚的にも、時間的にも、圧倒的なスケールの大きさを私たちに感じさせる。

「届きそうで届かない」感覚は、このスケールの大きさによって生まれるのであると私たちは気づいた。対象敷地において、ヒューマンスケールを超える大きなエネルギーを持つものは、普段、私たちが足を踏みしめている"大地"である。大地は地球上のすべての生物の営みの基盤であり、そのスケールの大きさは壮大である。私たちは、大地から発せられる重力という大きなエネルギーに着目して、重力に従うカテナリー曲線をデザイン要素とし、カテナリー曲線に囲まれた空間の中で、目には見えない重力を可視化し、大地のエネルギーから、「届きそうで届かない」感覚を感じることができるフォリーを提案する。

また、伊勢神宮は大鳥居をくぐり、宇治橋を渡ることで俗と聖の境界を明確なものとする空間構成となっている。本提案では、カテナリー曲線の端部を 3×3m のラインで揃え、フォリー内部と外部の境界をはっきりさせている。外から重力が可視化された空間へ入る空間の変化を、より意識づけるものとしている。

5班　届きそうで届かない

フォリーはカテナリー曲線が屋根を支えている構成となっている。フォリー内部は、重力が可視化された空間で、人の身長を超える大きなカテナリー曲線に囲まれ、大地の壮大なエネルギーを肌で体感することができる。また、幅、角度の異なるカテナリー曲線がランダムに配置されており、奥行き方向の重なりから、同じファサードが1つもなく、様々な表情を見て取ることができる。

屋根は、古代からの伝統工法を引き継ぐ伊勢神宮に敬意を払い、金物を使わない相欠き継ぎによる木格子とする。その木格子の下に、計15個のカテナリー曲線が配置されており、全てが木格子を支えているように見える。しかし、実際に支えているのはそのうちのたった3つであり、構造を支えているものと支えていないものの区別がつかず、どのカテナリー曲線が構造を担保しているのかがわからない不思議な空間を創出している。

届きそうで届かない　　5班

班長　田村　健太郎（鹿児島大学 修士1年）
　　　高木　麟太朗（東京大学 3年）　稲垣　吉城（金沢大学 3年）
　　　進藤　風子（関西学院大学 2年）
　　　玉村　愛依（東京電機大学 2年）

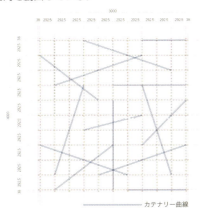

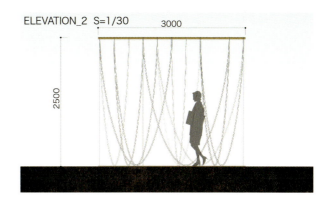

1日目｜制作の様子

2日目｜制作の様子

3日目｜制作の様子

4日目｜制作の様子

5日目｜制作の様子

6日目｜制作完了の様子

■ 制作過程

一日目は、布とロープの切り出しと構造となるカテナリーを作るための丸鋼の加工、木格子のけがきを行った。相欠きとロープに布を貼り付ける作業が翌日にずれこんだ。二日目は、ロープに布を巻く作業と構造カテナリーの形状の微調整、木格子の相欠きを行った。ロープに新聞紙も巻いて二重にすることになったため自然カテナリーの完成が遅れた。

三日目は、構造カテナリーの形状とくさびによる木格子の微調節、フォリーの立ち上げを行った。ここで、ジョイント部分に問題があることが分かった。四日目は、ジョイント部分を修正した。フォリーが自立したため、ロープで作った自然カテナリーの取り付けを行った。丸鋼で作った構造カテナリーと自然カテナリーが同じに見えるように音羽様からいただいた本麻の布を巻いた。

5班　届きそうで届かない

43

6班 サイクル

（規模）　面積　9.0㎡　（構造）　主体構造　張力構造
　　　　　高さ　2.0m　　　　　　素材　　　石、スギ角材、紐

伊勢神宮は、自然の「流れ」そのものである。山で育った木によって新たな社殿が造られる一方で、古い棟持柱は鳥居に、社殿は他の神社へと受け継がれていくという「資源の流れ」。毎日、毎年、豊穣の祈りが繰り返されることで強調される「時間の流れ」。

２０年ごとの遷宮は、神宮が、朝熊山の一部として自然とともに移り変わる存在であることの象徴である。参拝者も、伊勢参りという祈りの行為を通じて、伊勢の自然のサイクルに一時的に合流する。

「自然の流れと一体化する場」としての神宮を、参拝者に伝える空間を提案する。

私たちは〈石〉に着目した。樹木と並び神宮の空間を形づくる素材は、圧倒的な量の〈石〉である。大地の地層から削り取られた巨石が、伊勢で式年遷宮が始まるよりずっと前、想像を絶するほどの時間と共に砕かれ、削られ、小石となった。そして今日からまた、小石は砂利へ砂へと形を変え、やがては大地に戻っていく。そして、その大きなサイクルのほんの一部の〈石〉が、足音を残す玉砂利や、本殿に導く階段といった姿となり、その大きさや丸みで伊勢の時の流れを知らせ、反復される祈りの行為の痕を刻み続けている。

北御門前に位置するこの場所で、参拝前に〈石〉を見て、触れることで、参拝中も足元の石に意識を働かせる。それは同時に、自分の歩みや足音に気づくことへとつながり、参拝者が伊勢の自然に同化していく過程を意識するきっかけとなる。

6班　サイクル

石は3通りの使い方をする。①構造体となる石の塊、②足元に敷かれる砂利、③浮いている小石。①の石は、張力を生じさせる構造体としてフォリー全体を形作るとともに、石自体の重みが張力に変換されることで、力の緊張感を感じさせる。②の砂利は、踏んだ感触や音がそのまま神宮の敷地内を歩く体験へと連続していく。③は、【時間の流れ】を受け続けてきた小石を、高さと平面座標を制御しながら吊るし、相異なる視点から石の表情を見ることが出来るデザインとした。

8本の木材と紐、そして石の3つの素材という、可能な限りシンプルで少ない材料によって、1日だけ立ち現れる空間を表現した。

フォリーで用いた石は、神宮の砂利と同じく宮川からお借りした。解体時に、白石として認められる石は次の遷宮のために保管し、他の石は宮川にお返しした。

サイクル　6班

班長　矢尾 彩夏（東京大学 修士1年）
　　　持井 英敏（京都工芸繊維大学 修士2年）　矢部 嵩晃（東洋大学 3年）
　　　小宮 伊織（関西学院大学 2年）　　　　　夏目 亜利紗（大阪工業大学 2年）

構造と形状の検討過程

フレームで石を吊る案　　　　　　　石の重みでネットを吊る案

石の重みがかかることで自立する構造

① 支持材は地面に固定せず足元の石と固定　　② 中央に吊った石の重みで材が自立

1日目｜制作の様子　　　　　　2日目｜制作の様子　　　　　　3日目｜班会議の様子

4日目｜制作の様子　　　　　　5日目｜制作の様子　　　　　　6日目｜設置完了の様子

■ 制作過程

1日目は作品で使用する石を宮川で採取した。練習用の材（ポリタンクやペットボトルなど）を用いて、1／1サイズでも構造が持つことを確認した。2日目、本物の石と材を用いて仮組みを再び行ったのち、スタディ模型にて形状を再検討。正円から、通り抜けられる形に変更した。また、吊る小石のネットを追加で編んだ。3日目、紐も含めすべての材を本番用にさしかえ、変更後の形状で組み上げた。ネットから支持材に渡す紐の本数も変更。吊るす石は白石に統一することに決定。4日目、ビスや紐などのディティールを詰めた。午後、すべての石を吊るし、完成形をつくった。足元に敷く砂利の敷き方は、移設日に最終決定することとした。

6班　サイクル

7班　伝承によって伝わるもの

（規模）　面積　9.0㎡　　（構造）　主体構造　ラワン合板
　　　　　高さ　3.0m　　　　　　　素材　　ラワン合板、たこ糸

私たちが伊勢に訪れて圧倒されたのは、その空間が持っている歴史的な厚みであった。目に見える社殿や、そこに至る参道、神域を包み込む木々、そのどれもが美しく、その背景に長い伝統が横たわっているのを私たちも肌で体験することができた。そこで、私たちは、この伊勢の長い伝統と歴史を自分たちなりに再解釈し、そこに形を与えることを考えた。

　私たちの敷地は今回、最も人目に付きやすいと考えられるバス停前広場の外宮に最も近い場所に位置している。従って、この場所に伝統を再解釈したフォリーを設置することで、これから参拝に向かう人々や帰路に就く人々が神域と俗世の中間地点で伊勢での体験に思いをはせたり、体験を回顧できるようなフォリーとなることを目指した。

　伝統を再解釈するにあたって、日本建築の原初的要素ともいえる鳥居をモチーフとして採用した。この鳥居を1つは内宮、もう1つは外宮の方向に向けて2つ配置し、それらが複雑に絡み合うような形態をとることによって、これまで伊勢の歴史を成り立たせてきた内宮↔外宮、旧↔新、天皇↔臣民…、とった、様々な階層における2項性を表現しながら、全体として緩やかにたわむベニヤを用いて神宮の歴史がもつ、しなやかな強さを表現している。

　このフォリーは平成最後のこの年に、神域と俗世の間で伊勢神宮の過去と現在をつなぐ時空のつながりを感じさせるような中間領域となり、伊勢に訪れる人々を楽しませる。

７班　伝承によって伝わるもの

伝承によって伝わるもの　7班

　たくさんのモックアップを作成して試行錯誤した結果、土台には12mmの合板を設け、そこに溝を作り、その溝に鳥居を差し込む形式をとった。鳥居は強度を落とさないようその木割に注意しながら2.5mmのベニヤ2枚を圧着させて形を作っている。

　鳥居にかかるモーメントを支えているのが周囲の線材であり、この線材は構造材として働きながらも、神宮の東西南北中央の5方向に向かって伸びており、神宮に流れる五行の精神を表すとともに、伊勢神宮が伊勢の街によって支えられて成り立ってきたことを表現している。

　鳥居の脚の部分が300mm幅であるのに対し、上部の横材を200mmと少し軽くすることで構造的な安定性を追求しながらも、2つの薄い木材が、しなやかに曲線を描きながら立ち上がっていることで、伊勢神宮の素朴さと力強さを同時に体感できるようなフォリーとなった。

班長　小林 大介（慶應義塾大学 修士2年）
　　　有田 啓悟（東京大学 3年）　　　塩田 彩乃（関西学院大学 2年）
　　　松浦 光紗（武蔵野美術大学 3年）　伊藤 奏多（工学院大学 2年）

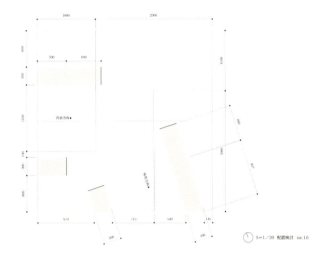

1日目｜制作の様子

2日目｜制作の様子

3日目｜班会議の様子

4日目｜制作の様子

5日目｜制作の様子

6日目｜設置完了の様子

■ 制作過程

　1日目は3×6板のベニヤから切り出し位置を墨だしし、フォリーの固定に使うたこ糸を赤、黄色、青、黒の4色に染色した。その作業と並行し、図面の最終調整も行った。2日目は前日の墨だし位置をもとに鳥居を形作る合板を切り出し、部材を仮組した。仮組をして間違いがないことを確認したのち、鳥居の土台に柿渋を塗装して土台を色付けした。その後、土台と鳥居を糸で結わえ付けるための穴をあけた。3日目は染色してあった糸の切り出しを行い、前日に間違いがないことを確認した鳥居の薄い合板を張り付けることで鳥居のカタチを作った。4日目には鳥居を立ち上げし、糸の長さを調整したのち5日目にフォリーを設置場所に搬出した。

7班　伝承によって伝わるもの

55

8班 kidzuki

（規模）　面積　6.0㎡　　（構造）　主体構造　芯材(木材)、全ネジボルト
　　　　高さ　1.65m　　　　　　　素材　　土

日本書紀で「うまし国」と称された、伊勢。2000年の時を経た今もなお、神宮を覆い隠すほどの木々が生い茂り、多種多様な動植物が暮らし、清涼な川が流れる自然豊かな場所である。そのような土壌になぜ人は建築物を立てたのか。それは、自然物に神の存在を認め、その居場所を創造するためである。私たちは、自然物と人工物という相反する存在が見事に調和していることに感動し、その調和を可能にしているのは紛れもなく、伊勢という豊かな土壌とそれに対して敬意を払ってきた人々の営みであることに気付く。営みとは、毎日二回行う日別朝夕大御饌祭という日々の「小さな行為」から、２０年単位で行う式年遷宮という「大きな儀式」などを示し、これら人為的な行為や儀式の積み重ねにより、自然物(土壌)と人工物(建築)の関係性は保たれているのだと感じた。私たちは土壌を構築している原点である「土」という素材に着目し、小さな行為の積み重ねを、型枠に土を敷き詰め少しずつ地道に突き固めていくことで強固な構築物をつくる「版築」によって表現する。版築による小さな直方体のブロックを人為的に作り積み重ねていく。ブロックは安定を求め、次々と支えあうように積み重なり、自然なカーブを描いていく。直方体であるブロックが、全体として大きな一つの「流体」を為す造形になり、張り出し部分は、次なる未来と更なる挑戦を表現する。自然物と人工物の関係性に思いを巡らすだけでなく、その間を取り持ってきた人々の営みの過去から現在そして、未来までをも想像させるフォリーをここ伊勢に築く。

8班　kidzuki

私たちのフォリーは版築のブロックを積み重ねることでできた流体である。ブロックの素材には、伊勢特有の赤土を含む関西で産出される数種類の土を用いた。土が持つ色味の違いにより、美しい地層のような模様を表現する。土には石灰とにがりを混ぜたり、芯材を入れることで一つのブロックとしての強度を高めた。そして、階段状に積み重ねることで互いに支え合う関係を作りながら、2種類の曲線を描くことで高さを出すことを可能にしている。上下は全ネジボルトによる締め付けにより安定させ、張り出しも可能としている。

版築とその積み重ねにより、神宮の荘厳さ・神宮を取り囲むどっしりとした自然・時間のこれまでの「築積」をフォリーを観る人に感じてもらいたい。

kidzuki 8班

班長　田中 太樹（芝浦工業大学 修士2年）
　　　Mirzadelya Devanastya（東北大学 修士1年）
　　　明石 絢実（武蔵野美術大学 3年）　　山藤 千穂（京都女子大学 2年）
　　　嵜山 明音（東京大学 1年）

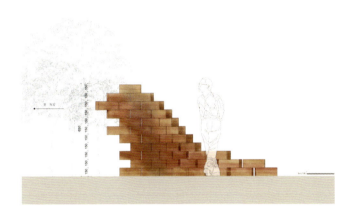

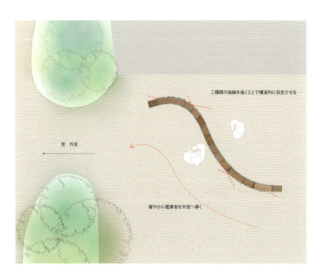

1日目｜制作の様子

2日目｜制作の様子

3日目｜制作の様子

4日目｜制作した版築ブロック

5日目｜制作の様子

6日目｜設置完了の様子

■ 制作過程

まず土と石灰を8：1の割合で空混ぜし、そこへにがりを3倍に希釈した水を少しづつ加えていく。土を握って固まるくらいの土になったら、あらかじめ製作した型枠に流し込んでいく。1/3 くらいの高さの土をその半分くらいの高さになるように突き棒でひたすら突き固めていく。同時に、最後に組み立てるときにボルトを通す用の穴を作るためにM10対応の全ネジボルトも一緒に突き固める。型枠いっぱいに土を突き固めたら、ボルトを抜き去り、型枠を外し乾燥させる。この工程を繰り返し、4日間で合計45個の版築ブロックを製作した。5日目に展示場所へ搬入を行い、ブロックの穴にボルトを貫通させ、最後にナットで締め固めていく。

8班 kidzuki

外宮前三角広場（建築学生制作作品）

外宮北御門広場（建築学生制作作品）

式辞｜建築学生ワークショップ伊勢2018

開催日時：2018年9月2日（日）09:00～17:00
開催場所：「いせシティプラザ」

寄稿

（2018年 開催地）
三重県 知事

　アートアンドアーキテクトフェスタ様におかれましては、各地において地域を探究し、地域と共に将来を担う建築学生さんたちの成長を熱心に支援してこられ、今回のワークショップを迎えられましたことに心より敬意を表したいと思います。また、「神聖な場所を受け継ぐワークショップ」の開催にあたり、日本の聖地ともいえる伊勢の神宮周辺地域を選んでいただき、皆様が活動されることを非常に嬉しく思います。

　伊勢志摩では、この地が「日本人の精神性や伝統・文化、美しい自然、日本のふるさとの原風景」が息づいていると評価され、平成28年に「伊勢志摩サミット」が開催されました。世界でも類を見ない、人の営みや暮らしが息づく中で育まれた伊勢志摩の美しい自然景観は、各国首脳や海外メディアなど多くの人々を魅了しました。

　同じ年に伊勢志摩国立公園は、戦後初の国立公園として指定されてから70周年を迎えました。指定当時、豊かな自然、地形の美しさだけではなく、牡蠣や真珠等の養殖の風景とあいまった里海、そして里海を育む里山の豊かさも評価されました。

　この伊勢志摩が「特別な場所」として考えられるようになった理由として忘れてはならないのが、神宮の存在です。神宮が鎮座する場所だから、神宮に奉る海の幸を獲る海だからなど、神宮に対する人々の特別な想いが、古代以来大切にされてきました。「伊勢に行きたや、伊勢路が見たや、せめて一生に一度でも」という言葉が表すように、神宮への参宮は人々にとって憧れそのものだったのです。

　今回ワークショップに参加される建築学生の皆様には、この伊勢の神宮周辺地域において、古来の精神、文化、景観、技術、を感じ取っていただき、将来の建築活動の基礎となり人々の豊かな生業を創造するための貴重な体験を期待しています。

　　　鈴木 英敬

歓迎のことば

（2018年 開催地）
伊勢市 市長

　「建築学生ワークショップ伊勢 2018」が、この伊勢市で盛大に開催されますことを大変うれしく思っております。全国各地からご参加いただきました皆様、ようこそ伊勢にお越しくださいました。心から歓迎いたします。

　伊勢市は、風光明媚な伊勢志摩国立公園の玄関口に位置し、古くから「お伊勢さん」と呼び親しまれている伊勢神宮ご鎮座のまちとして栄え、美しい自然と美味しい食に恵まれた穏やかなまちでございます。神宮は、二千有余年の歴史を有し、日本人の「心のふるさと」として人々に親しまれ、約千三百年前から、二十年に一度、御社殿や御神宝を新しく造り替え、大御神に新宮へお遷りいただく式年遷宮が行われております。

　平成25年には大勢の伊勢市民の参画のもと、第62回目の御遷宮が無事に執り行われました。緑深き神宮の森に、唯一神明造という日本最古の建築様式を伝える御正殿が存在しており、御遷宮ではその建築技法や、伝統・文化が大切に受け継がれています。京都や奈良、関東周辺では平入りが一般的でありますが、伊勢の町並みは、切妻・妻入りであることが特徴です。これは、神宮の社殿が切妻・平入りであることから、古く伊勢の民が神宮社殿に対し遠慮したという考えが一般化しております。このような伊勢の地において、「今、建築の、最初の、聖地から」をテーマにした本会が皆様方にとって有意義なものとなり、今後のご活動の糧になることを大いに期待しております。そして、お時間の許す限り伊勢のまちなみを散策され、参加者ならびに伊勢市民との交流を深め、皆様の心に残る素晴らしい場となりますことを願っております。

　結びにあたり、本会の開催にご尽力いただきました関係者の皆様に、敬意と感謝を申し上げますとともに、皆様方の益々のご健勝とご活躍を祈念いたしまして、歓迎の言葉とさせていただきます。

　　　鈴木 建一

講 評 者 | 建築学生ワークショップ伊勢 2018

2018 年 7 月 28 日（土）提案作品講評会
2018 年 9 月 2 日（日）公開プレゼンテーション

建築・美術両分野を代表する評論家をはじめ、第一線で活躍されている建築家や世界の建築構造研究を担い教鞭を執られているストラクチャー・エンジニアや、コミュニティデザイナーによる講評。また、近畿二府四県の大学で教鞭を執られ、日本を代表されるプロフェッサー・アーキテクトにご参加いただきました。

太田伸之（おおた のぶゆき）前クールジャパン機構 CEO
1953年三重県生まれ。77年明治大学経営学部卒業後渡米、ファッション記者として活躍。85年東京ファッションデザイナー協議会設立のために帰国。95年（株）松屋のシンクタンク部門（株）東京生活研究所 専務取締役所長。2000年から10年（株）イッセイミヤケ 代表取締役社長。11年から13年まで（株）松屋 常務執行役員を経て、13年から18年までクールジャパン機構 CEO。

栗生明（くりゅう あきら）建築家 / 千葉大学 名誉教授
1947年千葉県生まれ。早稲田大学大学院修士課程修了後、株式会社横総合計画事務所入所、1979年株式会社栗生総合計画事務所Kアトリエ設立（のち株式会社栗生総合計画事務所と改称）。現在㈱栗生総合計画事務所 代表取締役、千葉大学名誉教授。主な代表作：植村直己冒険館、国立長崎原爆死没者追悼平和祈念館、平等院宝物館・鳳翔館、2005年国際博覧会愛・地球広場バイオラング、札幌駅前通地下歩行空間、伊勢神宮 式年遷宮記念せんぐう館、奈良国立博物館 なら仏像館などがある。

小松浩（こまつ ひろし）毎日新聞社 主筆
1957年岩手県生まれ。80年毎日新聞社入社。政治部記者になり首相官邸、自民党、外務省を担当。その後、ワシントン特派員、欧州総局長（ロンドン）として日米関係、米大統領選、欧州情勢などを取材する。政治部長、編集局長などを経て11年論説委員。外交や安全保障問題の社説を書く。論説副委員長、論説委員長を歴任し、16年から主筆。国際新聞編集者協会（ＩＰＩ）理事、日本記者クラブ総務委員会会長、北里大学客員教授。

建畠晢（たてはた あきら）美術評論家 / 多摩美術大学 学長
1947年京都に生まれる。慶應義塾大学文学部フランス文学科卒、国立国際美術館長、京都市立芸術大学学長などを経て、現在、多摩美術大学学長。埼玉県立近代美術館長を兼任。全国美術館会議会長。ベネチア・ビエンナーレ日本コミッショナー、横浜トリエンナーレ、あいちトリエンナーレ、東アジア文化都市-京都などの芸術監督を歴任。オーストラリア国家栄誉賞受賞。詩人としては歴程新鋭賞、高見順賞、萩原朔太郎賞を受賞。

南條史生（なんじょう ふみお）美術評論家 / 森美術館 館長
1949年東京生まれ。慶應義塾大学経済学部、文学部哲学科美学美術史学専攻卒業、国際交流基金を経て02年から森美術館副館長。06年11月より現職。過去にヴェネチアビエンナーレ日本館(1997)や台北ビエンナーレコミッショナー(1998)、ターナープライズ(英国)審査委員(1998)、横浜トリエンナーレ 2001 及びシンガポールビエンナーレアーティスティック・ディレクター(2006/2008)等を歴任。16年、総合ディレクターとして初の茨城県北芸術祭を成功に導く。17年は3月～5月開催のホノルルビエンナーレキュラトリアル・ディレクターを務める。

山崎亮（やまざき りょう）コミュニティデザイナー / 東北芸術工科大学 教授
1973年愛知県生まれ。大阪府立大学大学院および東京大学大学院修了。博士（工学）。建築・ランドスケープ設計事務所を経て、2005年に studioL を設立。地域の課題を地域に住む人たちの手で解決するためのコミュニティデザインに携わる。まちづくりのワークショップ、住民参加型の総合計画づくり、市民参加型のパークマネジメントなどに関するプロジェクトが多い。著書に『ふるさとを元気にする仕事（ちくまプリマー新書）』、『コミュニティデザインの源流（太田出版）』、『縮充する日本（PHP新書）』、『地域ごはん日記（バイインターナショナル）』などがある。

五十嵐太郎（いがらし たろう）建築史家・建築評論家 / 東北大学 教授
1967年生まれ。1992年、東京大学大学院修士課程修了。博士（工学）。現在、東北大学教授。あいちトリエンナーレ 2013 芸術監督、第 11 回ヴェネチア・ビエンナーレ建築展日本館コミッショナー、「戦後日本住宅伝説」展監修、「3.11以後の建築展」ゲストキュレーター、「みんなの建築ミニチュア展」プロデュースを務める。第64回芸術選奨文部科学大臣新人賞を受賞。『日本建築入門 - 近代と伝統』（筑摩書房）ほか著書多数。

稲山正弘（いなやま まさひろ）構造家 / 東京大学大学院 教授
1958年愛知県生まれ。82年東京大学工学部建築学科卒業。ミサワホームを経て同大学院博士課程修了、博士（工学）。90年稲山正弘建築構造研究所（現・ホルツストロ）設立。2004年東京大学大学院准教授を経て2012年より同教授。主な構造設計に、いわむらかみかみ絵本の丘美術館、岐阜県立森林文化アカデミー、東京大学弥生講堂アネックスなど。日本建築学会賞（技術）、松井源吾賞など多数の賞を受賞している。主な著書に『中大規模木造建築物の構造設計の手引き』（彰国社）など。

腰原幹雄（こしはら みきお）構造家 / 東京大学 教授
1968年千葉県生まれ。2001年東京大学大学院博士課程修了。博士（工学）。構造設計集団＜SDG＞を経て、12年より現職。構造の視点から自然素材の可能性を追求している。土木学会デザイン賞最優秀賞、日本建築学会（業績）、都市住宅学会業績賞など多数の賞を受賞している。主な著書に『日本木造遺産』（世界文化社）、『都市木造のヴィジョンと技術』（オーム社）、『感覚と電卓でつくる現代木造住宅ガイド』（彰国社）などがある。

櫻井正幸（さくらい まさゆき）旭ビルウォール 代表取締役社長
1960年生まれ。1983年千葉大学建築工学科卒業。1985年千葉大学大学院工学研究科 建築学専攻修了。1985年 旭硝子ビルウォール株式会社 中央研究所。1990年 旭硝子ビルウォール株式会社の創立により出向。2007年 旭ビルウォール株式会社（株式譲渡による社名変更）常務取締役。2014年 旭ビルウォール株式会社代表取締役社長。現在に至る。

佐藤淳（さとう じゅん）構造家 / 東京大学工学部 准教授
1970年愛知県生まれ。00年佐藤淳構造設計事務所設立。東京大学准教授（AGC寄付講座）。作品に「共愛学園前橋国際大学 4 号館 KYOAI COMMONS」「プロリサーチセンター」「武蔵野美術大学美術館・図書館」「地域連携活用総合交流促進施設」「ヴェネチアビエンナーレ2008」。著書に「佐藤淳構造設計事務所のアイテム」。建築家との協働で、数々の現代建築を新たな設計理念によって実現させてきた。

陶器浩一（とうき ひろかず）構造家 / 滋賀県立大学環境科学部 教授
1962年生まれ。86年京都大学大学院修了。86〜2003年日建設計。03年滋賀県立大学助教授 06年教授。作品：キーエンス本社研究所、愛媛県歴史文化博物館、愛媛県美術館、兵庫県芸術文化センター、積層の家、清里アートギャラリー、澄心寺庫裏、海光の家、半居、福良港津波防災ステーション、竹の会所、さとうみステーションなど。受賞：JSCA賞、Outstanding Structure Award(IABSE)、松井源吾賞、日本建築学会賞（技術）、日本建築大賞、日本建築学会作品選奨など

芦澤竜一（あしざわ りゅういち）建築家 / 滋賀県立大学 教授
1971年神奈川県生まれ。94-00年安藤忠雄建築研究所勤務。01年芦澤竜一建築設計事務所設立。2015年より滋賀県立大学教授。主な受賞歴として、日本建築士会連合会賞、サスティナブル住宅賞、JIA環境建築賞、SDレビューSD賞、渡辺節賞、芦原義信賞、LEAF AWARD、ENERGY GLOBE AWARD、FuturArc Green Leadership Awardなど。

遠藤秀平（えんどう しゅうへい）建築家 / 神戸大学大学院 教授
1960年滋賀県生まれ。1986年京都市立芸術大学大学院修了。1988年遠藤秀平建築研究所設立。2004年ザルツブルグサマーアカデミー教授。2007年〜神戸大学大学院教授就任。主な受賞歴：1993年アンドレア・パラディオ国際建築賞、2000年第7回ヴェネツィアビエンナーレサードミニマムコンペ金獅子賞、2003年芸術選奨文部科学大臣新人賞、2004年第9回ヴェネツィアビエンナーレ金獅子特別賞、2012年日本建築家協会賞、2015年公共建築賞、2016年日本建築学会教育賞。

竹原義二（たけはら よしじ）建築家 / 無有建築工房 主宰
1948年徳島県生まれ。建築家石井修氏に師事した後、1978年無有建築工房設立。2000〜13年大阪市立大学大学院生活科学研究科教授。現在、摂南大学理工学部建築学科教授。日本建築学会賞教育賞村野藤吾賞、都市住宅学会業績賞、こども環境学会賞など多数受賞。住まいの設計を原点に人が活き活きと暮らす空間づくりを追求している。著書に「無有」「竹原義二の住宅建築」「いきている長屋」（編著）「住宅建築家 三人三様の流儀」（共著）。

長田直之（ながた なおゆき）建築家 / 奈良女子大学 准教授
1968年名古屋生まれ。92年福井大学工学部建築学科卒業。90-94年安藤忠雄建築研究所、94年ICU一級建築士事務所設立。2002年文化庁新進芸術家海外留学制度研修によりフィレンツェ工大留学。2007年より東京理科大学非常勤講師、2008年より奈良女子大学住環境学科准教授に着任、現在に至る。2016年、横浜国立大学 Y-GSA 先端科学研究員特任准教授。主な受賞歴として2014年 "Yo" にてJIA新人賞。他、JIA関西建築家新人賞、95、96、99年SDレビュー入選など。

平田晃久（ひらた あきひさ）建築家 / 京都大学 教授
1971年大阪府に生まれる。1994年京都大学工学部建築学科卒業。1997年京都大学大学院工学研究科修了。伊東豊雄建築設計事務所勤務の後、2005年平田晃久建築設計事務所設立。2015年より京都大学准教授就任。主な作品「桝屋本店」(2006)、「Bloomberg Pavilion」(2011)等、第19回JIA新人賞(2008)、Elita Design Award(2012)、第13回ベネチアビエンナーレ国際建築展金獅子賞(2012、日本館)、等受賞多数。2016年にはニューヨーク近代美術館(MoMA)にて "Japanese Constellation" 展(2016)参加。

平沼孝啓（ひらぬま こうき）建築家 / 平沼孝啓建築研究所 主宰
1971年 大阪生まれ。ロンドンのAAスクールで建築を学び、99年 平沼孝啓建築研究所設立。主な作品に、「ららぽーと みゅうかん 実験棟」や「D&DEPARTMET PROJECT」などの建築がある。日本建築士会連合会賞、日本建築学会作品選奨、イノベイティブ・アーキテクチュア国際賞（伊）やインターナショナル・アーキテクチャー・アワード（米）など、国内外でも多数の賞を受賞している。

横山俊祐（よこやま しゅんすけ）大阪市立大学大学院 教授
1954年生まれ。1985年 東京大学大学院工学系研究科 建築学専攻博士課程修了。同年 熊本大学工学部建築学科助手。2004年大阪市立大学大学院助教授。2005年より現職。主な著書に『住まい論』（放送大学教育振興会）、『これからの集合住宅づくり』（晶文社）等。主な作品：『大阪市立大学高原記念館』『水上村立湯山小学校』『八代市宮西片町団地』。

吉村靖孝（よしむら やすたか）建築家 / 早稲田大学 教授
1972年愛知県生まれ。97年早稲田大学大学院理工学研究科修士課程修了。99年〜01年 MVRDV 在籍。05年吉村靖孝建築設計事務所設立。18年〜明治大学教授。主な作品は、窓の家(2013)、中川政七商店旧社屋増築(2012)、鋼板の合宿所(2012)、中川政七商店新社屋(2010)、Nowhere but Sajima(2009)、ベイサイドマリーナホテル(2009)。主な受賞は、JCDデザインアワード大賞、日本建築学会作品選奨、吉岡賞ほか多数。主な著書「ビヘイビアとプロトコル」、「EX-CONTAINER」、「超合法建築図鑑」等。

65

総評｜建築学生ワークショップ伊勢 2018 公開プレゼンテーション

開催日時：2018年9月2日（日）9:30〜17:00
開催場所：いせシティプラザ（2F・ホール）

公開プレゼンテーション会場の様子

吉村：今年の伊勢では、隅々まで注意が行き届いた作品を見ることができ、まったく辛口にならずに済んでホッとしました（笑）。一つ気になったことを挙げておくとすれば、作品がよかっただけに、プレゼンテーションの言葉の使い方が気になりました。あるものは何々を表して、という説明の仕方が皆さんの中で形式化していましたね。例えば、3m角の中は小さいので1つ1つが仮にしっかり表現できていたとしても、全体としてみると全然そういうものに見えない。そもそもポストモダン以降の建築は、全体の中の意味のつながりと自分が作ったものとの関係を、丁寧に引きはがしたものだと思います。皆があまり抵抗なく、ここは何々、ここは何々と説明することに僕は結構、驚きを覚えました。それがよいか悪いかをもう一度考えてほしいです。もしかしたら、意味との接続が大事なのかもしれないし。パブリックな場所に置かれるものなので、こう受け取ってほしいということを決めるより、他者である見に来た人たちがどう考えるか。それを踏まえて考えてみてほしいなと思いました。でも、そういうことまで思い当たるくらい、力のある作品が多くて今年は、よかったと思います。皆さん、お疲れ様でした。

山崎：ご苦労様でした。普段、コミュニティーデザイナーとして年間に150から200ぐらいワークショップをしていて、大人と一緒にすることが多いのですが、学生とすることもあります。悔しい思いだけが残った人たちはこの後何を成し遂げるのか。それから、うまく調整できたことが自信につながって、さらに伸びていく人たちがいます。順位は一応つきましたけど、それぞれの人が今日ここで何を学んだのかを今後の種にしてくれるといいなと思います。中間と最終の点数が逆転しましたよね。中間の時に点数が低かったのに、最終になったらすごく点数が上がったり、逆に中間点数が高かったのに、最後どうしたみたいなことになったり。結局今日の最終がどうか、ですよね。でも今日が本当にあなたたちの人生にとって最終かどうかっていうと、今日だって中間です。今日点数が高かったところは数か月後には点数が下がる何かをしているかもしれません。むしろ今回の結果や意見をどういう風に生かしていくかのほうが気になります。これからの皆さんの活躍に期待したいなと思います。どうもありがとうございました。

腰原：お疲れ様でした。今回は、現地説明会から、エスキース、中間講評、そして前日である昨日にも見せていただきました。そのため最終作品として評価するのがいいのか、それまでの試行錯誤と悪あがきを含めた評価をするのかが、すごく悩み所でした。そういう意味で、実は試行錯誤の方に重きを置いた評価軸を持ちました。さっき言われたように、多分、これはまだ最終形ではない。本当はこうしたらよかったのになというモヤモヤを残しながらこれからの人生を歩んでいただきたいです。建築って多分、作った後も気になるところがありながら、これからどうしようかと考え続けるってことじゃないかなと思います。あとは、昨日の印象と今日の印象がすごく違うんですよね。今日は天気がよく風もあまりなくて、よかったですよね。昨日は風雨があったり過酷な条件の中で、特に柔らかい作品が風に揺られて成り立っているところがすごかったです。明暗を分けたのは、夜放置するときに怖くなっ

三重県知事　鈴木英敬

伊勢市市長　鈴木健一

竹生島 宝厳寺・住職 峰覚雄

東大寺・執事長 橋村公英

て過剰に補強してしまうとか、放置しないで次の日に頑張りましょう、としたのかわかりませんけども、いずれにせよ逆にこの過酷な環境を耐えたっていう部分を、少し歪んだり、たるんだりしているところを言い訳しなかったところ。偉いのか、愚かなのかはわかりませんけど、「実は昨日はピンとしていたんです。昨日はこうやってちゃんとしていたんです」というプレゼンをしてもよかったんじゃないかなと思いました。1日限りのワークショップですが、今回はどういう自然環境になるかわからないところがありましたね。是非、いろんな言い訳も含めて自慢をしていただければと思います。

竹原：お疲れ様でした。今回は紐がたくさんあったので、どんな紐を使うかが課題だったのかなと思ったら、どうも違う。となると、素材の選定の仕方をどのように決めているんだろうか。建築の中で一番難しいことは、どの素材を使ってどういう空間を作り上げるかということです。そして今回 1 日のために全てをかける。1日のためにどれだけのものができるのかというときの過程が実はすごく大事だけれども、それは最終形でしか表現できない。しかし建築というのはすごく長い寿命を持っている。それを 1 日ということに置き換えたとき、その素材が安易なものになったときには、勝負に負けるかもしれない。持続できるものをいかに使い切れるかということと、精度をいかにあげられるかを考えたときに、自分たちのチームの中でいかに練ることができるかが大事だっただろうと思います。今回、土が非常に着工を左右しましたね。土を塊から作り、そこから草木が生えてくるようにいろんなアイデアが生まれてくることが、1 日で出来る範囲の中で考え出したと

きに、再度挑戦することは何か、ということを今日みなさんが片付けをしながら考えていく。片付けもこの中に入っているんだなあ。最初の美しさとできた時の美しさ。そして最後に全てをなくした時に見えてくるもの、これが大事じゃないかなと思います。また、石の使い方はとても難しいですけれども、石というのはすごく秘められた魂が入っています。土にもあります。木にもあります。人にもあります。紙にもあります。素材を駆使して新しい挑戦を続けていただけると私たちは嬉しく思います。お疲れ様でした。

櫻井：お疲れ様でした。今回は先程もお話に出ました、一日限りのもので究極的なチャレンジをするチャンスだったんですね。建築では 100 年もつようにしなさいというと、100 年持つようなチャレンジがなされる。5 年もつものにしなさいというと 5 年もつものをやらないといけない。1 日限りのものっていうのはものすごく究極のチャレンジをしたはずですけれども、割と無難なものが多かったかなぁと。もう少しギリギリいっぱいのものを狙ってほしいなというのが願いとしてはあります。それから今回は賞を取られた方も取られていない方も、知らない人が集まってセッションをやったってことがすごく貴重な経験なのでこの経験は生かしてほしいですし、その中で個人個人が強くないとオーケストラもハーモニーを奏でることはできないので、そういう意識で、自己研鑽すべきことからどんどんやってほしいなと思います。よろしくお願いします。

栗生：お疲れ様でした。私は今回初めての参加でしたがとても楽しかったです。面白かった。いろんな講評会に出ていますけれども、

日本設計・代表取締役社長 千鳥義典

安井建築設計事務所・代表取締役社長 佐野俊彦

吉村靖孝

山崎亮

このワークショップ、公開プレゼンテーションを聞いていますと、構造の先生が比較的多いので、構築的な案が大変多いなぁという印象を持ちました。これはすごく重要で、実際に実物を作ることによって、構造がいかに大切で大変なのか、どういう風に工夫すれば長持ちするのかが体感できるんですね。体で知って覚えることは、非常に重要だと思います。しかし一方で、構築的ではなくて、昔からそこにあったような存在感も、私は必要ではないかなと思っています。例えば、地面から生え出てくるようなものだとか、あるいは、うずくまるような造形だとかですね、何かそういうものから、ものを発想していくこともあっていいのではないか。特にここは伊勢神宮という聖地ですから、考える時にひとつは宇宙的なスケールで考えること。もう一つは古代から現在、未来に渡る長い時間軸で考えて、この聖域固有のモノの在り方を探っていくというのも一つの方法だろうと思います。いろいろな先生に、いろいろな角度で、いろいろな評価をいただけたと思いますね。価値は一通りではないです。いろんな価値づけがあるということを知る事が、一番の収穫として皆さんの中に残っていくといいなと思います。一元的な価値というものはありえないんだ、正解はないんだということを前提に、ものを発展し展開させていくことを今後していただけると、ワークショップに参加した意味は大きいと思います。

五十嵐：これまで参加した3回の中で、全体的なクオリティが一番高かったように思います。中間講評の際、いつも逆転があるので、それを楽しみにしていますと言いましたが、今回も2チームが最後にものすごく得点を伸ばしたのが印象的です。ただ、初めて参

加したとき、審査員の講評の直前に作品が壊れたチームがあって、やはり構造的にギリギリなところまで追いつめていた作品があって、すごくインパクトがありました。そういう意味では、もっと限界に挑戦する作品があっても良かったかなと少し思いました。3回見ていると素材や手法のパターン化も感じますが、これまでにないタイプも今回出てきたのは良かったと思います。3つまで投票してよかったので、僕は高い点を入れた順からいうと、2班と5班と6班に入れました。2班は木の下の不思議な存在感の構築物で、生き物のような不気味さも備え、少し未完成な感じは正直あるものの、さらに可能性を伸ばせるような気がしました。5班は今までにない作風ですが、重力をテーマとしながら、懸垂線の扱いが気になりました。6班は。石の重層的な役割で結界を生みだしていました。そして今回すごく点を伸ばしたのは7班。今時ではなくて、ポストモダン風でもあるし、鳥居の脱構築風でもある。記号的な操作が多いのは嫌いじゃないんですけれど、最終形を見たらさらに構造的なところでも頑張っていたところが、高く評価されたと思いました。

建畠：今回、このワークショップに初めて参加をさせていただきましたが、全国各地で建築や芸術、環境やデザインを学ぶ同士が集結し、約3か月の交流の中で、1日だけの設置に向けた、フォリーの原寸制作の目標に向かうという、初めて出会った同士のコラボレーションで、しかも1日だけの展示という、限られ、非常に考え抜かれた面白い条件の中で、すべてのチームが作品を成立させたことは、本当に素晴らしいことだと感じています。参加をした

腰原幹雄

竹原義二

櫻井正幸

栗生明

学生の皆さま、そして運営をされた皆さま、本当にお疲れ様でした。私は普段、1人の制作者が作品を成立させた審査に携わるのがほとんどですが、今回は、グループの人たちが1つのチームとなって、ユニークな仕事を問われる。評価された受賞者たちに限らず、本当に、この建築の若い世代はすごいな、楽しいなと思いました。きっと今回のような経験は、多分そうあるわけではないでしょうけど、将来、皆さんはこのようなユニークなコラボレーションの経験が活かされるはずです。皆さん、本当におめでとうございます。

南條：昨年の比叡山開催の時よりも、粒揃いの手堅い作品が並んでいた気がしていました。だけど、先生方と話していると、粒が揃うことが良いわけじゃないと、何人かの方がおっしゃっていました。ギリギリまで追い込み、不可能とも言えるような構造にイマジネーションを膨らませ、つまりこういうことをやってみたいという想いに、構造の方が追いかけないといけないところまでやってほしいと、それを見たいという声も聞こえた。手堅いだけではだめだと、皆さん言っているんですね。ただ、プレゼンテーションのプレゼンテーターのことが全然話に出ていませんが、プレゼンテーターの中には随分お話の無い人たちがいたと思います。プレゼンテーションの仕方によって順位は簡単に逆転したと思います。ですから、いくつかの班の上位からの順番というのは微妙なところがあったと私は見ています。総合的な話で言うと、コンセプトを表現する時には素材や技術や選んだ形、色、そういうものが全体となって印象を作るんですね。このワークショップは非常に構造の話が多く、それは非常に重要で良いところだと思います。

しかし一方で、メッセージを人に伝える表現の部分がとても大事で、表現がうまくいったところが入賞してしまうんですね。このふたつのバランスがとても大事で、良い作品はそのふたつが非常にバランスよく両方を満たしていたと思うんです。技術的なことも非常に大事。けれども何を伝えるかという大きな目的を決して忘れてはいけないだろうと思います。おそらくずっと建築も、あるいは一般的などんな仕事も実はそういうところがあるのかもしれない。これからみなさんが大人になって仕事していくときには、その両方を、自分の外側から見るような見方を身に着けるといいんじゃないかなと思います。

太田：ご苦労様でした。私は門外漢でファッションデザインの世界に生きてきましたが、学生さんにチャンスを与え、かつそれをずっと中間発表からご指導になさっている先生方がいらっしゃるという、本当に素晴らしいワークショップだな、ぜひファッションの世界にもこういうことができたら良いな、羨ましいな、と思いながら参加させていただきました。ひとつだけ、ファッションのデザインの世界で言うと、デザイナーは画家です。我々はビジネスをする画商です。画商が画家に求めることは3つあります。1つはなんといっても直感的なクリエーションですね。それがまず一番大事だと思います。2番目にクオリティです。それがないとモノとしてお代金がいただけない。3つ目は、そのバランスをとったお値段ですね。高くても安くてもいいけれど、価格バランスが悪いとどうしようもない。3つそろってはじめて良い商品として買っていただける、それがファッションの世界です。建築も

五十嵐太郎

建畠哲

南條史生

太田伸之

同じで、クリエーションと構造を含めたクオリティ、そして予算内できちっと納めるということはとても大事だと思うんです。これから学校を卒業して建築家になろうという人たちには、ぜひ全体のバランスがとれた良い仕事で、世界に対して日本のクリエーション、建築の世界でもまだまだ素晴らしい後輩がいっぱいいるという姿を見せていただきたいと思います。今日は参加させていただきありがとうございました。

小松：皆さん今日は本当にお疲れ様でした。今年の夏休みのほとんどを、この仕事に捧げてきたと思います。麻雀とお酒しか思い出のない私の学生時代を恥ずかしく思い出しながら、感心して聞いていました（笑）。　昨今、反知性主義という言葉がありますが、今日の皆さんのプレゼンの言葉や、それに講評する先生方の様々なお話を聞いていて、建築の世界には、日本の知的コミュニティのかなり良質な部分が存在している、という印象を受けました。この仕組みの中で、私が一番いいなと思ったのは、大学対抗ではなかったことです。皆さん、数か月前に初めて出会った人ばかりです。地域性や学んできた研究室の指導意見や価値の違いを乗り越えて、一つのものをつくり上げていくということは、今の時代に特に必要なものだと思っています。新聞社とは取材をして報道するのが仕事ですが、この建築ワークショップを継続的に応援しているように、様々な文化事業を主催・後援し、社会貢献するというのも大切な仕事の一つであります。60年程続く毎日芸術賞という、私ども毎日新聞社が主催する賞があります。演劇、文学、音楽、映画などのジャンルの方を主に表彰していますが、数年に一度、建築界からも受章者が出ます。未来の芸術賞受賞者が、皆さんの中から出てきてくれることを願っています。これからも、頑張ってください。

遠藤：8班の皆さん、とっても良いチャレンジだったと思います。正直中間のときは、どうなるのかなと、これまで4回見てきたんですけれども、もっとも心配した回でした。しかし、出来上がりは最も良かったと思います。それぞれ獲得するものがあったんじゃないでしょうか。この聖地ワークショップというのは、人と自然の関係を考える機会だと思うんですね。聖地というのは我々人間と、人間が分からない不可思議なところをもっています。自然をどう捉えるかは、主に重力とどう拮抗するか、ということでしたね。建築を設計する仕事では、自然を排除する仕事が多いんです。雨は漏らないように、風は入らないように、壊れないようにする。それと違ってこの聖地ワークショップは、自然をいかに味方につけるかということで人と自然との関係を考え直す。寺院と自然との関係で掴んだこともあるのではないかなと今回思いました。それで私は7班と5班と4班に入れました。それぞれ重力と調整しながら、拮抗しながら、作品を作っていました。7班に若干多めに点数を入れましたが理由は、風を味方にし、良い感じで入れていたんです。5班は風が吹くと少しフェイクがばれてしまう、というところで点数が少なくなりましたけれども、11点違っていたら順番が変わったぐらい拮抗していたと思います。全員非常に良いチャレンジだったと思います。どうも、ご苦労様でした。

稲山：皆さんお疲れ様でした。今回、私は中間が出られなかった

小松浩

遠藤秀平

稲山正弘

横山俊祐

ので最終で判断したんですけれども、プレゼンテーションを聞き、要するに最終的に3m大の実物を作るというところに、皆でいかにモノと格闘しながら作ってきたかという、その辺りをかなり評価軸にさせて頂きました。というのは、最近割とコンピューターグラフィックスでデジタルアーキテクトの方の流れが割ともてはやされているようなところがあるんですけど、やはり建築物は実際に重力と戦いながら重さのあるもの、それからモノの素材感でそれを上手く扱ってどう活かしていくかというところが私はすごく重要だと思っています。あと、色んな素材同士を繋ぐための接合をいかにきれいに作っていくかという、その辺りが建築を実際に作るという時に非常に重要になってきて、そこを上手く葛藤しながら考えていくという作業が建築を作る作業だと思っています。それはやはりCGでは出てこないところがあります。ですので、CGでいくらきれいな案が出来ても、そのあと実際にモノと格闘しながらその辺りを上手く解決していくという、そこが上手く出来たチームが今回点数を伸ばしたと思っています。多分この先も建築課題を色々やっていく学生が多いと思いますけれども、なるべく模型で考えるという癖をつけてもらえると良いと思います。どうも、今日はお疲れ様でした。

横山：お疲れ様でした。構造的に色々なチャレンジがあって非常に面白い作品に仕上がったのではないかと思います。その一方で少し気になることもありました。8つ作品がありましたが、一つも、中に入ってみようと思わせるものがなかったんですね。要するに、見せるためのカタチとしての作品は出来ていたような気はするのですが、我々に実際に何かを感じさせるための場、意味のある空間をどう作っていくかということに関して、少し弱かったのではないかと思います。外から見たらああすごい、美しいとか、よくやったなという感じはするんですが、中に入りたいという気持ちにさせられるものが無かったというのは残念だったという気がします。それともう一つ、説明がとても上手で流暢ですけれども、とても観念的なんです。軸線がこうだとか、森がこういう風に見えてとか、それにこういう風に合わせてとかという話がありましたが、そういう観念的な話というのは全然伝わってこないんです。実際に作られたものからそういう皆さん方が考えたアイデア、コンセプトというのは伝わってこないという、実物と考えていることが乖離している状況というのも気になったことです。先ほどの表彰式の時に、1人が泣いていました。僕はそういうこともいいなと思いました。何が良いかと言うと、やはり色々失敗します。実際に物を作る時というのは本当にやばいということが起きます。設計をやっているときは時間が足りないとか形が上手くいかないとか、そういうやばさですが、ものを作っている時は出来るか出来ないかという勝負があるわけですから、出来ないということの危機感に皆さんおそらく遭遇したのではないかと思います。その体験がすごく重要で、それにどう向き合うか、それを上手に隠して何事もなかったように乗り越えていくのか、それともその危機に対して真っ向から勝負していくのかは大きな分岐点になると思います。結果として悩みであったり苦しみであったりというものが形に出てきて良いと思うんです。悩みとか苦しみは一切表に出さないというような、ある意味爽やか系の作品というのもありますが、そ

芦澤竜一

佐藤淳

質疑応答の様子

れはどうも嘘っぽいし、軽い。だからもっともっと悩みが形になっていく、そういうことも考えて欲しいと思いました。そういう意味でやはり泣けるようなものを作って欲しかったなという気がします。どうもお疲れ様でした。

芦澤：お疲れ様でした。伊勢神宮という場所で建築を考えられたのはすごく良い経験だったと思います。それで、こういう 1 日のワークショップで機能のないフォリーを考える時にいわゆる建築の原初性、何のために建築を作るのかということから考えないといけなかったと思うんです。8 班の作品完成度はすごく高かったしそれぞれ良かったのですが、なぜそれを作ったのか、その建築を作ることで何を伝えたかったのかということをもう一度考えて欲しいと思います。もともと考えたことに対して、それを建築としてどう具現するかが大事だと思うんです。端的にいうと、よく出来ているものの今までに作られた建築の作り方をアップデートした何らかのもの、というのがどこにあるのかを注目してみて見ていくと、今まで積み重ねられた技術とか、素材の扱い方とか、そういった歴史的なものを、勉強してそれを割とそのまま使ってしまっている。新しく自分たちなりにチャレンジをして、たとえ破綻したとしても学生だったら僕は良いと思うんですね。しかも 1 日だけの建築ですから仮に崩れても良いと思いました。今日評価された皆さんというのは、たまたま僕ら上の世代が良いと言っているものなので、そこで評価されても喜ぶことなく、逆に評価されていることがまずいと思っても良いくらいだと思います。自分たちの時代の自分たちなりの建築を作ろうと思ったら、新しい

価値観だとか、新しい、評価されない、古い人たちがよく分からないと言うようなことを考えていくことが次の時代を作っていくことだと思うので、評価されなかった人たちもめげずに頑張っていってください。お疲れ様でした。

佐藤：皆さん今日までお疲れ様でした。私が推す班がなぜか毎年、1 等になれないので、最終結果に、なかなか納得いかなくてやや不満を残しながら終わります。

会場：（笑）

佐藤：石の重量を力に変え吊るし、テンションを「あやとり」の糸に掛けていた、6 班を推しましたが、惜しくも叶いませんでした。でも版築での実現に挑戦をしていた 8 班の苦労を、講評者の皆さんに説明をしていたら、意外と伝わった結果を得て満足に変えています。これは 8 班の結果としては、十分なのではないでしょうか（笑）。

会場：（大笑）

佐藤：うちの研究室でも小規模の構築物をつくることを近年は、四季に合わせて 3 か月に 1 度、年に 4 度ほど取り組みますが、原寸をつくるということに、大きな経験から知識や勘を養うのと同時に自らが提案をしたその空間性を体験できる。約 9 年前に、この開催のプログラムを生み出した平沼先生がこの WS 開催で狙った意図どおりですね。身体的にはヘトヘトになりますが（笑）、だ

平沼孝啓

けどひとつの完成（成果）から材と向き合い特性を活かした建築のつくり方の経験を得ると、設計時のコンセプトから求める空間やスケール感に至るまで、想像力という勘が働くということです。これが建築家を目指す上で、大きな収穫となります。今回、成功をした班ばかりではなくて、原寸でつくることを経験した今日こそが、その始まりです。開催の冒頭に、伊勢神宮 2000 年の歴史の中で、初めて神宮以外の建築を皆さん約 50 名の学生がこの地で初めてつくったとあったように、ここにいる参加した学生たち以外が経験をしたことはありません。神宮の歴史環境や自然を経験して制作に取り組んだ「自信」につながるはずです。皆さんどうか原寸で、もう 1 度やってみよう！と必ず、思ってください。自らが原寸をつくるきっかけをつくれなければ、来年の出雲開催に参加することも良いでしょう！　建築を目指すのならどんな建築にも、その形態に合わせもった構造デザインが潜んでいます。優れた建築家ほど、この構造デザインを私たちのような構造家と一緒になり追い求めるものです。平沼先生がさらに意図したこのワークショップでの趣旨は、「原寸で扱う材料特性を利用した結果が形態につながる」ということを、参加する学生に「実学」として伝えようとしていて、ここにいる建築家の方や構造家の方たちは、実践としてそのことを実施しています。つまりそれが、建築だということです。どうかこのことに、気づいてほしいと思いました。

司会：ありがとうございます。佐藤先生がこのワークショップ開催の趣旨に触れてくださいましたが、最後に、伊勢でのワークショップ開催に、長らく大変ご尽力をいただいています平沼先生より、開催への経緯を兼ねました総評を頂戴してもよろしいでしょうか。

平沼：辛い、辛い道のりの経緯談ですか？

司会：いや、楽しい方のご経緯をお聞かせください（笑）。

平沼：承知いたしました！（笑）

会場：（大笑）

平沼：参加した学生のみんな、お疲れ様！そして運営に参加をした運営サポーターの皆さん、そして AAF スタッフ一同、ご苦労様！今日この開催には、大阪や東京を中心に、来年開催の出雲や、今後の開催地の弘前など、全国から満席以上になるくらい多くの方たちが聴講に駆けつけてくださって、何よりも地元、三重県、伊勢の方たちが多くいらしてくださって、最後までこの取り組みを率い当番をしました者として、お聞きくださった皆さんに、本当に感謝をしています。まずは講評会の総評としては、全ての参加学生の顔が思い浮かび、その試行錯誤のプロセスを知るため、均等に点数を入れてあげたいところですが、神宮司廳の音羽さんともその出来栄えに評価をしていた、矢尾さんの 6 班が入賞もしなかったことに、佐藤先生と同様に僕も結果に不満で、少し自分の評価軸が鈍ってきたんじゃないかと反省しております（笑）。

会場：（笑）

開催の様子

開催の様子

トロフィー

平沼：このワークショップはそもそも、今では大御所になられた関西の建築家の方たちが、三十代から四十代の時期に引き続き、30〜40年近くでしょうか、こういう取り組みを断続的に継続されていました。当時はまだ、建築家の思想や哲学を学ぶ上で、時代的にも適した徒弟制のような関係が色濃く存在して、一人の建築家が学生たちと山添村や天川村など紀伊半島の秘境の地で、集落などの人口減少による自然災害の問題による解決策を探り、この国では現代も色濃く問題を残す、集中豪雨による土砂災害や台風による被害を、サマーワークショップとして数日間、村に合宿し、建築で読み解く設計の手法を丁寧に探るような、学生らに実学を教えていく取り組みとして継続をされてきました。また、イギリスのAAスクールやアメリカのハーバードなどの海外の建築スクールが、僕らが学生の頃まで数年間、日本でサマーワークショップを開催したのは、フランク・ロイド・ライトが設計事務所と生活、つまり建築を学ぶ者たちと寝食を共に併走したように、タリアセンをつくったりしていたこと等にも起因し、こういう建築におけるワークショップの始まりがあると聞いています。僕が2010年にこれを継いだ時に、この合宿による実学のプロセスは継ぎながら、少し変化をさせたことが3つあります。1つ目は、僕が継いだ年齢が30代半ばということから、若いと称される建築界でも、その学生たちとはひと世代くらいの年齢差があり、建築家の年齢で話すとわかりやすいのですが、僕の15歳上の世代が、隈さん、妹島さんの世代で、ちょうど30歳上の世代が、安藤さん、伊東さんとなります。つまりこの世代間では、重なる部分もあるのですが、社会の変化によって建築に抱く評価軸も、価値観や目指し

ていく質も変わりはじめ、もちろん温故知新の精神で認めるものの、きっと上の世代が楽しみにしているであろう、新たな世代の新たな価値を示してもらいと思っていました。つまり、講評という批評は良くて、議論を交わすきっかけをもつ。でもそれは建築界ばかりの価値ではなくて、隣接する美術界や社会性をもたれる多くの講評者の方たちの、多角的な視野で高角度かつ多元的な意見を聞く機会をつくり、自分たちがもつ既知的で評価の定まった手法を教えるのではなく、院生が学部生に共有しようと試行錯誤したり、教え方を教わったり、学部生の提案を院生が実現をしてあげるような、同世代間での価値を生み出すことを楽しみにしました。2つ目は、この当番をはじめた2010年の平城宮跡開催で偶然が重なり、せんとくんで有名になった平城宮跡1300年祭に乗るという形で開催をしたものですから、どうにかして、社会人になってもなかなかつくれないような場所、つまり学生時代にしかつくらせてもらえないような聖地で開催を重ねることを目標としました。つまり、1度このような目標を達成すると2度目を叶えたくなり、当然2度目が叶うと、いつかはこの静謐な地、伊勢に行きたいとその頃から思うようになります。もちろん勝手にですが（笑）。

会場：（笑）

平沼：建築家という職業は、日々、面白いことを考えるものです。まず設計の依頼があると、その場所性に応じた建築を設計するため、サイトリサーチという、敷地の状態や周辺の建物状況、風の向きやオリエンテーションの状況や、地域性や自然環境、と学生

開催の様子

のみんなが今回、伊勢で取り組みをはじめたように調査をするのですが、その調査をしながら、みんなが体験をしたように、完成予想図から発案するのです。つまり、自分の頭の中では、この今日の完成ができているものです。一過性のコンペでこの完成予想図が落選してしまうと消えてしまうこともあるのですが、ワークショップという取り組みは、僕のような当番者が諦めない限り、いつまでも落選通知は来ません（笑）。

会場：（笑）

平沼：そして3つ目は、建築学科を経験したみんなはご承知のように、油画や彫刻、グラフィックやプロダクト、ファッションなどのものづくりをする分野は全て、原寸で講評を受け、自分もそのものを手に取り、状態を体験するのに、建築だけは、スケールダウンした図面やパース、模型程度で講評をされてしまうこと。その講評をされた学生時代の僕も、提案をした空間を体験しないまま卒業をしてしまうのです。そのため小さくても原寸でつくり、その構造材の特性を知りながら、空間体験をさせてあげたいと考えるようになり、この開催を率いることにしたのです。長いですよ、ここからは約6年間の、伊勢開催の経緯になります（笑）。

会場：（大笑）

平沼：2年に1度、イタリアで開催をされる建築界のオリンピックのような展覧会、2014年のヴェネチア・ビエンナーレに出展することになり、ここにおられる佐藤先生と悪だくみをして、今日までの皆さんと同じように、原寸でガラス構造なるものに挑み大失敗をするのですが（笑）、この研究や実験、設計をしていた前年に、建築のビエンナーレをよく知り相談を重ねて苦難をご存じだった、イギリスでジャーナリストをされていた、今日、会場に駆けつけてくださった玉重さんに、「1度、伊勢に行こうよ、平沼さん」とお誘いをいただきました。いつかこのワークショップを伊勢でと思いながら、中々、神宮にくるきっかけも、地元伊勢に知る人も当然おりませんでした。関西で育ったものですから、小学校の修学旅行で伊勢にきた程度。それも、どちらかというと志摩の方は記憶にあるのですが、伊勢の方はあまり記憶になく、ただ神宮に参った記憶程度で、教科書がそのまま歴史空間として残っているんだなという印象でした。そんな話を玉重さんに伝えていたら、神宮をお参りし、式年遷宮を知ることからはじめましょうと言ってくださって、今日お越しいただいた、栗生先生の設計された「せんぐう館」が出来ているから、学芸員の方の説明を聞きに行こうということになりお邪魔しました。せんぐう館で今日の会場におられる、深田さんという偶然同じ年の学芸員の方にお会いしたのですが、この方の説明が素晴らしく、伊勢という街と共に、当然、神宮が存在するという、神都としての魅力に溢れている説明に、相当僕は影響を受けて惚れ込んでしまいます。好きな場所や敬意をもつ人が出来ると毎月のように通い始めるようになり、あっという間に今年で6年目。伊勢にきた回数は、70回を超えたでしょうか。深田さんから、表参道商店街の山本武士さんを紹介していただき、また山本武士さんは、このワークショップを大

質疑応答の様子

特別賞2班「ケをハレ」

優秀賞7班「伝承によって伝わるもの」

きく担ってくださることになる萩原さんを紹介してくださった。途中、本当に伊勢の多くの方たちにお会いすることになっていくのですが、一番大きかったのは、このあと閉会のご挨拶をいただきます、音羽さんにお会いできたことです。この音羽さんにお会いできるまでに前半の3年を費やしました。きっかけはもちろん深田さんのご縁から広がりを持ち、伊勢との縁の深い、建築金物・鍵の世界的なメーカー、美和ロックの和氣社長に神宮との関わりをお聞きできたことに始まります。これが、5年程前となるでしょうか。玉城・伊勢に生産量の7割を超える工場を持たれており、式年遷宮に参加をされるような神宮と縁の深い社員の方がおられることをお聞きしております。それが今日もお越しくださった宮嶋さん、この方が音羽さんを引き合わせてくださるのです。学生のみんなは気さくに話していたようですが、神宮のことを広く発信されることができるくらい、伊勢のこと、神宮の多くを知る貴重な方です。僕は当然少し距離を保ちながら音羽さんのご説明を慎重に聞くようにしていたのですが・・・。この後の話は、音羽さんの閉会のご挨拶にお任せをさせていただきます。このワークショップの開催が始まってから期間中、あまりにも音羽さんが毎日、毎日、多大なご尽力をくださり、気さくに学生にご指導を下さり、昨日も夜、佐藤さんが遅れて来られてから立て直してあげようと言うときまでも、「私が最後まで責任を持ちます」と、最終のフォリーの制作にまで取り組んでくださいまして、この開催を成功に導いてくださったものと、深く感謝をしております。最後になりますが、伊勢の皆さま、僕のような地方の一、設計者の思いを、真摯に受け止め、このような無謀な挑戦に開催という実現

で応えてくださいまして、本当にありがとうございました。そしてアドバイザーとして、学生らの提案を支え、実現に導くご指導をくださいました建築技術者の皆さまのご厚意に、深く御礼を申し上げます。学生諸君！建築学生ワークショップ伊勢は、明日の撤去・解体、清掃、そして家路につくまでが取り組みです。無事に、安全に、誰一人怪我のないよう、緊張を解かずに終えてください。皆さま、本当にありがとうございました。どうかこの貴重な体験を、皆さまの人生に活かしてほしいと願っております。

司会：いよいよ最後となりました。本年の建築学生ワークショップ伊勢開催に、深いご理解とご興味をくださり、2015年の明日香村開催より現地を見てくださり、そして今年、ここにいる建築学生をはじめ、私たちに多くのご助力と、特別なご配慮をいただき、本当に多くのご支援を与えてくださいました、神宮司庁の音羽悟様に閉会のご挨拶を頂戴したいと思います。音羽様、どうぞよろしくおねがいします。皆さま多くの拍手でお迎え下さい。

音羽：大変、大きな拍手を頂戴いたしまして、誠にありがとうございます。今日は朝から、やっと、やっと、発言をさせていただける機会を頂きます。

会場：（笑）

音羽：えぇ、先ほど峰住職が、このワークショップのファイナルの開催は、泣きそうになるとおっしゃいましたが、私はもうほと

最優秀賞5班「届きそうで届かない」

んど泣いています。

会場：（大笑）

音羽：もうね。心の中でずっと泣いていました。千鳥社長が先ほど、「音羽さんが心配そうに学生を見ているのを後ろから感じ取った」と仰ってくださいましたけれども、私は心配で、心の中でずっと泣いていました。先生方から厳しい指摘を受けるのを、ドキドキドキドキ聞いていたのですけれども、計画地の完成した現場説明のときでも、たくさんの愛の手を差し伸べたいなと思いながらも、「学生のお株を取るほど、ここでは喋ってもいかんな」と念頭におきつつも、これは自分の性分ですかね。でも今日、この9月2日の伊勢でのワークショップのファイナルを、誰よりも楽しみにしていたのは実は私だろうと思います。

会場：（笑）

音羽：これは、私の部下もその様に感じ取っていたと思います。ずっとこのワークショップのことに携わり、合宿がはじまれば、仕事が終わって早く帰ればいいのにわざわざ、この制作現場、シティプラザまで足を運ぶ音羽課長はいったい何を考えているのかと思っていたと想像します。今日も部下が偵察（愛嬌で）に来ていましたけれども、もうさっさと帰しました。

会場：（大笑）

音羽：何人かでしょうか。神宮職員もお忍びで来て、深田君なんかも平沼先生との古くからの知己があったでしょうから、このような職員も来てくれていたと思います。まぁしかし、平沼先生とお会いして、三年半くらいの計画でしたでしょうか。初めて神宮司庁を訪ねていただいたのが、美和ロックの宮嶋浩一さんからのご紹介で、「どうか一度会って欲しい」と言うものです。その時に、伊勢でこのワークショップを開催できないかということを平沼先生からお聞きした時には、正直に驚きました。神宮ではもちろん、全く前例がないものですし、神宮が始まって以来、小さくても建築を神宮以外の方とつくるようなことはなかったでしょう。無理ではないかなと、いや正直申し上げて、無理だと内心思っていました。しかし何度も、平沼先生が伊勢に足を運ばれまして、「2015年明日香村で開催がありますから、一度、見に来て下さい」ということをおっしゃられ、その時には当然、ご紹介をくださった宮嶋さんと一緒に、半ば軽い気持ちで伺いました。会場には、今回多大な尽力をされた萩原さんもいらっしゃいましたし、外宮参道発展会の山本武士さんも来られていまして、伊勢からも今日の出雲や奈良のように、何名かの方が参加をされていました。もちろん、半ば軽い気持ちです。でも、あの時、私は明日香村の文化を学んだ学生たちが、フォリーを作っているのを見て、先ほどの櫻井社長の話しにありましたように、ものすごく感動したのです。私があまりに感激している様子を、側にいた宮嶋さんがどれだけ感じ取られていたか知るよしもありませんが、私はあの日の帰りに、山本武士さんと話をして、「これ伊勢でできたらいいよなぁ」という言葉を、つい、漏らしてしまったことを覚えています。

開催の様子

開催の様子

開催の様子

会場：（大笑）

音羽：山本武士さんも、呼応して、「神宮さんがやってくださるのなら我々も協力します！」なんて、勢いよく応えてくださいまして。

会場：（大笑）

音羽：「しかし、これは音羽さんが率先してこの事業を全面的にバックアップしなければ、私たちだけでは、伊勢での開催は実現できないですよ」とも言われました。それでも私はなんとか模索してでもやりたいなぁと思うようになりました。それから平沼先生と何度も連絡を取るようになって、どうしたら実現ができるのかということを、ずっと水面下で神宮当局と粘り強く根回しをしていた訳ですね。その際に、一番の協力者なっていただいたのが、ここにいらっしゃる伊勢市の須崎理事です。伊勢で学生に伊勢の文化を勉強してもらえれば、将来の、15 年後の式年遷宮のときは、彼らが大きな応援をしてくれるはずだ。将来に向けて、伊勢で実現したいんだという私の熱意を、須崎理事は感じ取ってくださいました。そしてとにかく早い段階で、平沼先生を伊勢市長に会わせてくれという願いを熱弁しました。それで実際、伊勢市長に会っていただいて、その時に、鈴木市長に共催者として協力しますと仰っていただき、実際に、実現の可能性が高まりはじめた訳です。しかしこの後も、乗り越えなければならないハードルはいくつもありました。結果として一番、何が残念だったかというと、昨年 10 月に伊勢に直撃し訪れた台風、21 号です。深田君がおりまし

た、せんぐう館が水に浸かり、現在も復旧に向けての途中段階です。それによって、平沼先生が希望をされていた、勾玉池周辺地で開催するという、それまで進めていた計画が、全て白紙になってしまった。これは弱ったなあと思いながらも、開催の日にちが決まっている中で、なんとか交渉し、ここいせシティプラザは制作会場として使えるということになった。ではどこが設置する計画地として神宮が提供できるかということを探り、今年度に入ってから辛うじて北御門広場が決まり、神宮当局の理解も得ることができました。当初の計画地からは一歩、後退する形になりましたが、私は神宮、伊勢市と共に開催するということに全力投球したいと思いはじめました。昨年の比叡山に参加させていただきましたが、その時も、8 体のフォリーを見て感動しました。とにかく櫻井社長の仰られたお話しのように、私は感受性が強いですから、まあ何事においてもすぐ感動してしまうんですね。

会場：（泣）

音羽：参加した学生のみんなは、わかってくださってると思いますが、特に、班長さんとはよく話をしましたから、こんなに「熱いのか」と思われたと思いますが、それには理由があるんです。私は、高校の時に大学は建築学科を目指していたんです。今日は東大寺の橋村執事長がお目見えですけれども、高校の時に東大寺の大仏殿を見たときにあの荘厳な建物というのに圧倒され、そして春日大社の朱塗の建物を見たときに感動し、自分が将来、一級建築士を目指して、こういう神社仏閣の修繕にあたるような建築

公開プレゼンテーション会場の様子

士になれないかということで、建築学科を目指してました。現役の時には受験に失敗して、浪人したときにももう一回チャレンジさせてほしいということを父に言いました。その時の父との約束で、一浪してダメだったら家業の神道に入ってもらうと。結局一浪して失敗したので、皇学館大学に進むということになり、神道を目指すことになりました。その時に田中卓氏という、今は名誉教授ですけども、その先生に出会ったことによって、まぁ神道の魅力にひかれてしまって、神社建築のことは表向きは忘れていました。しかしながら『悠久の森』という本を出しましたことを鑑みると、やっぱり私は立柱祭、上棟祭の研究を中心にやってた訳なんです。ということは、どこかで神社建築というものに対して、歴史的なことでありますが、自分の中で気が付かないうちに、青春時代の甘酸っぱい感傷を30数年たっても引きずっていたのかなぁと感じました。その思いがあの明日香村でよみがえったような気がしました。更に去年の比叡山での、あの、フォリーを見たときにも、またさらに再燃したような気がします。それから、私は何としても「建築学生ワークショップ」、「学生ワークショップ」、「ワークショップ」ということを須崎理事にも、しつこくしつこく、言いまして、伊勢市の観光振興課の、今日も来てくださった中村さんやそれから奥野君、東世古課長に「建築学生ワークショップ頼むよ。」ということをずっといい続けてきました。まぁ、呪いの言葉のように、ずっと言い続けてきた訳です。

会場：（泣笑）

音羽：多分私の中で、自分が叶えられなかった夢を、今の学生の皆さんに、託してるんじゃないかと思います。明日香村の時も、比叡山の時も、班員が協力して、そしてそれを支えるAAFの運営スタッフが全面的にサポートをして、そういう学生が、知恵を出し合ってやっていく姿というのが、自分が青春時代にあこがれていたものかなという風に思っていて、それがこう熱くなることの答えなのです。しかし皆さんには謝らないといけないことが一つあって、台風が近づいているということで、とにかく倒したらダメだということを言いすぎました。今日の先生方の話をもっと先に聞いていたら、特にまぁ3班の眞船君達に「ええやないか、壊れても」と言えたんじゃないかなぁという風に思います。先生らがそれを言ってくれないから（笑）。

会場：（泣）

音羽：先生のせいにしてはいかんのですけれどもね。それから一番最後まで、もう真っ暗になってからでも中村さんが車を移動し、ヘッドライトをつけて養生してくれました。これ印象的でしたし、田中くんの8班は昨日も本当に、泣きそうな目で訴えかけてこられたので、これは時間延長しないかんと思いまして、神宮の警衛部に2時間延長してくれと、責任は私がとるからと言って、無理を聞いてもらいました。「音羽さん参拝時間すぎますけれど」「まあ頼むよ」と言って、警衛第二課長補佐を説得しました。今日この後、作品は撤収されると思いますが、佐藤先生が一生懸命、版築のアレをね、いかに安定させるかってやっているあの姿みたら自

伊勢神宮 神宮司庁・広報室 広報課長 音羽悟

分もやらなければいかんだろうと思いました。自分がもし、採点できる点数持っていたら、800点持ってたら、全班に100点、私はもう間違いなくつけます。甘々の人間ですから、間違いなく全班に100点ですよ。ここにいる学生の皆さんは私の東京にいる娘と、伊勢でのんびりしている息子と年齢が変わらないですから、もう本当に娘や息子のように感じていました。特に5班の班長の田村くんや7班の小林くんなんかが時々相談に来てくれると、息子が相談しに来ているような、そんなイメージがありました。それに2班と3班は橋本儀式課長、僕よりも偉い人の家にある竹をタダで頂いた訳です。これ、相談しましてね。「俺んとこの家に竹あるけど」「じゃあその竹頂戴。学生が欲しいって言ってるから。建築学生だからね」「学生か。じゃあこれ音ちゃんタダやな」、「もちろん！」ってね。

会場：わはは。（泣笑）

音羽：「なんか6〜70個欲しいって言ってるよ」、「好きなだけ持っていったらいいやないか！」っていう掛け合いになり、2班の班長の千葉くんが代表して竹林へ行ってくれて、2班と3班のみんなは、合宿の前日から山に入って、竹を一生懸命切って、草刈りまでしてくれたということで、橋本課長も喜んでくれました。そのことを皆さんにご報告しておきたいと思います。話したいことは、まだまだ、いっぱいあるんですけれど、皆さんとお別れするっていうのは本当に寂しいです。

会場：（涙）

音羽：だからこの寂しさを紛らわす為にも、皆さん、来年の出雲でね。今日は島根県から代表して斉藤さん、出雲市を代表して大野さんも来てくださっていますが、寂しいですが是非、このワークショップのバトンを出雲へ繋ぎますから、私以上に、熱く熱く、情熱を燃やしていただけることに大きな期待を寄せています。このような素晴らしい開催、集まりは本当にない貴重なものだと思います。来年は部下にも休暇をとるから「後はよろしく」と言って、休暇宣言を1年前から出して、出雲に行きます。また皆さん、来年この顔を見たらどうぞよろしくお願いします。本日はどうもありがとうございました。

会場：（大歓声）

司会：音羽様ありがとうございました。もう一度最後に大きな拍手をお願いいたします。ありがとうございました。以上を持ちまして建築学生ワークショップ伊勢2018の公開プレゼンテーションを閉会とさせていただきます。会場にお越しくださいました皆様、制作の実現に大きなご支援、励みをくださいました、地元伊勢の技術者の皆さま、全国の組織設計事務所、ゼネコンの技術者の皆様、またこれまで同様、これからのご関係をつないでくださいます、聖地の開催地の皆様、そしてこのような講評に駆けつけてくださいました、講評者の皆さま、本日は多くの応援くださって大成功の開催となりました。皆様に深く深く、大変感謝をいたしております。謹んで御礼を申し上げます。

外宮古殿地をのぞむ

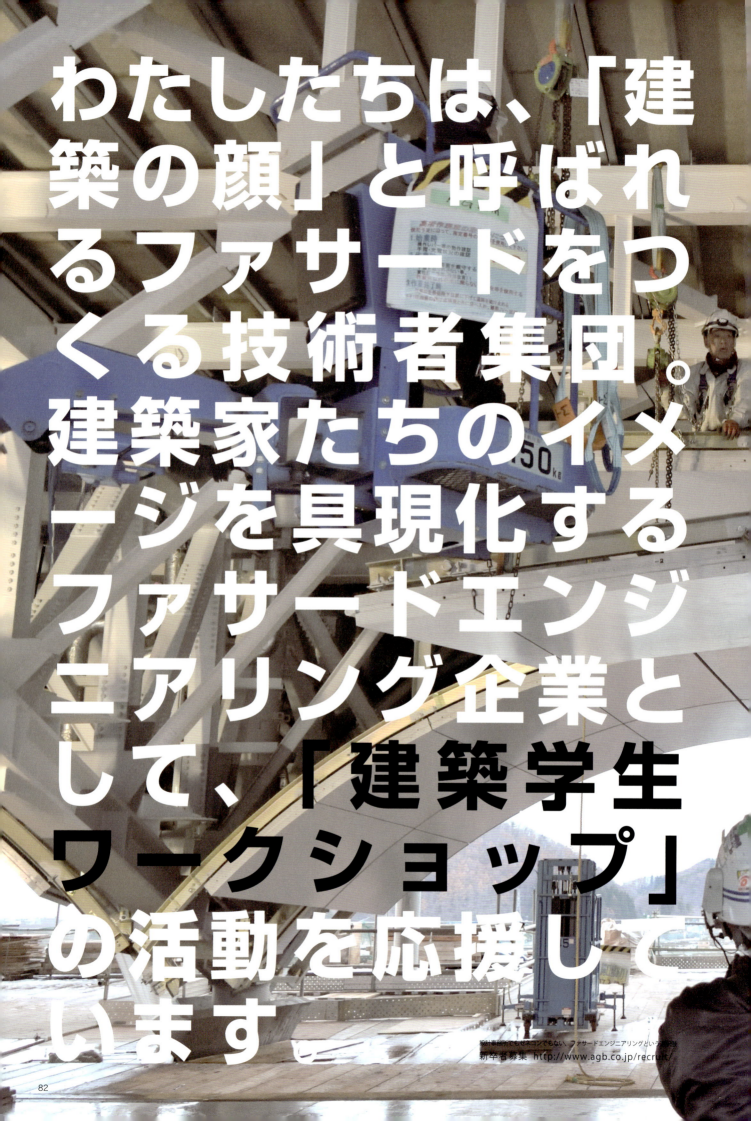

わたしたちは、「建築の顔」と呼ばれるファサードをつくる技術者集団。建築家たちのイメージを具現化するファサードエンジニアリング企業として、「建築学生ワークショップ」の活動を応援しています

設計事務所でもゼネコンでもない、ファサードエンジニアリングという選択
新卒者募集 http://www.agb.co.jp/recruit/

（仮称）新青森県総合運動公園陸上競技場新築工事
設計：伊東豊雄建築設計事務所

競技場のイメージを表現する大屋根工事で大きな課題となったのが、軒天全面にGRC (Glassfiber Reinforced Cement：ガラス繊維補強セメント)パネルを、全面に取り付ける工法。反りの有無や大きさなど、異なる形状を持つユニットが1166枚、面積は9370m²にも及ぶことから、全ユニットに付けた個体番号と、ステージ上に引いた基準墨で場所を特定させ、ひとつひとつのユニットを成形し、レーザーで納まりを確認する技術が必要となった。

私たちは美しいファサードづくりに挑戦し続けます。

旭ビルウォール株式会社 AGB

©NARU建築写真事務所

地上外部から競技場のイメージを表現する軒天。この軒天全面にGRCパネルを設置したメインコンコース。

あとがき ｜ ６年間の開催の軌跡 －建築学生ワークショップ伊勢を終えて

建築家 ｜ 平沼孝啓建築研究所 主宰

　「よい会をつくられましたね。」公開プレゼンテーション終了直後、東大寺を代表される橋村執事長にそのような温かく貴重なお言葉をいただいたことで緊張が解かれた。全身に鳥肌が立つほど込み上げる感動とともに、自然と涙がこぼれた。ファイナル、「公開プレゼンテーション」閉会のご挨拶に頂いた、神宮司廳・音羽さんによるスピーチによってである。多くの聴講者の方たちと一緒に体験し、素晴らしい言葉の一言、一言、を聞き、その情熱が込められた思いを共有したのだから、僕が言うまでもない。このような感動をしたことなんて、半世紀に満たない程度の人生において見当たらない経験だったし、音羽さんが伊勢で叶えてくださった今回のワークショップそのものへの、興奮が冷めない。これを僕が言うのはおこがましいが、自分が学生の時に、こういうプロジェクトに出会いたかったし、そういう取り組みをつくりたかったと感じた。感無量である。これからも専門分野である建築界だけでなく、隣接する美術界やデザイン界に存在する「ものづくりの中にある建築というプラットフォーム」を、建築の原初の聖地という「ネットワーク」で解き、将来の建築界を担うであろう、学生たちと聖地、地域をつなぎたいと思っている。このたび、音羽さんが神職として所属されている神宮という、日本で恐らく一番、難しいお立場だと察しながらも、今回の素晴らしいお話を貴重な経験をした参加学生１人１人の記憶に残るよう、記録として残したいとご無礼をお許しいただき、この一連の取り組みを収録するドキュメントブックに掲載させていただくことを叶えていただきました。どうか、この優れた情熱を体験した皆さまの人生に活かしてほしいと深く願います。

　２０１２年夏、この年の開催候補としていた比叡山延暦寺での開催が実現できず、中断した建築ワークショップの復活に、高野山金剛峯寺での開催を手繰りながら果たそうとしていた僕には、いくつか自分に課した課題があった。その大きなひとつに、時限的な開催地を設定するのではなく、数年間連なる計画を練り、同時に進めて到達地点を設定することであった。もちろん何らかの人脈や、手がかりがあった訳でもなく、ただただ、勝手に現地に訪れ、学び、体験し、想像を膨らませたのみであるが、インターネットの検索では知りえない環境と存在に楽しさを覚え、知りたいと思う好奇心から結果として毎月のように通うのだが、この頃、勝手な計画をした到達地点がこの神聖な地、伊勢神宮である。当然、神宮司廳と関わりのある人など知らず、伊勢出身者である人も知人、友人には見当たらない。絵空事のような計画であった。結局、２０１２年に比叡山開催を実現できなったのは、自分の過信による想像力から勘が働かず、何よりも継続への努力を惜しまない献身的な姿勢が足りていなかったこと。また当年の聖地開催に執着をするあまり、地域の方にも聖地の方にも負担を掛け始めていたことが実現できなかった大半の理由であるだろう。そんな時、継続の精神を支えてくれたのは、不毛な体験の数々であった。

　建築をつくってみたい場所を勝手に計画地と設定し、図面や完成予想図、模型をつくるように、誰からの依頼もなく、ただ、未来に必要とされる環境を描いてみる。若くして、独立とはいえない「孤立」をしてしまった２０代後半の頃、若い設計者に依頼される仕事なんて無かった頃にやっていた系譜が、自らの意欲と希望を膨らませた。この開催の当時からパートナーとして付き合ってくれている東大の構造家・腰原さんは、孤立していた当時から大いに笑いながらも依頼のない不毛な設計案に構造研究や実験の機会を与えてくれた。また当時、国立国際美術館におられた今年の講評者、建畠さんが、発表の実現へ導いてくれた。とても少なく限られた、関係する「人」の厳しくも熱い言葉を信じただけなのかもしれない。当然、右往左往した半世紀近くの人生の中で、いくつもの失敗や後悔を人一倍もつ。その中で、自分の人生における最大のターニングポイントは、学生時代に師と仰ぐ「人」に出会えなかったことである。建築空間に憧れ設計を目指すという、志すものが見つからなかったら、今頃、その意欲を見いだせず路頭に迷っていたといってもいいだろう。

　毎年、継続的のこのワークショップを支え、講評者としても参加いただいている旭ビルウォールの櫻井社長は、企業の代表という立場ではあるものの、世界屈指の建築技術者である。物の見方に優れ、素材の特性を活かしながら表現する仕組みを技術で生み出す凄い人である。このような人に学生時代に出会えることができていたら、僕は櫻井社長に就き、施工エンジニアを目指していただろう。三重県出身で今年の開催を数年来支えてくれた太田さんのような素晴らしい人に出会えていたなら、ファッション分野に従事していただろうし、小松さんのように海外で特派員を重ね、あらゆる分野に対して事象を正しく捉えられる新聞記者に出会えていたなら、ジャーナリストを目指していたかもしれない。貴重なご挨拶をいただいた日本設計の千鳥社長の言葉も心に深く感じ入る。日常的に大きな励みを与えてくれる安井建築設計事務所の佐野社長のような方にもっと早くに出会えていたなら、組織設計事務所で技術者としてその組織に仕えていたのかもしれない。少し年齢が若い吉村さんにまで、自分が学生に戻れるのなら、こんな人の指導の下、建築を学びたかったと恥ずかしながら思える。稲山先生には、慕う思いが募り迷惑をかけてしまうだろうが、研究室に入り指

2013年2月1日　伊勢神宮現地視察　　　2017年11月23日　座談会　　　2018年9月1日　公開プレゼンテーション

導を仰ぎたいと思うし、南條さんに就いてその知性から美術のあり方を学び、主体とならない建築展の分野への導きとご指導をいただきたい。せんぐう館を設計された建築家、栗生先生には、秩序という品格をもつような質の高い建築のあり方を教わりたいし、いつも建築のロジックを聞かせてくれる五十嵐太郎さんからは、建築史という文脈から解説される歴史年表の解釈を学びたい。あらたなコミュニティデザインの分野を確立された山崎さんからは、街や建築と人との関わりを継続的に探りたい。設計という分野で、今も第一線で活動をされ続ける竹原先生にも、建築と人と暮らしにある日常のつくり方を建築で学びたいし、兄貴分のように慕う遠藤さんからは、前世紀の価値だけではない今世紀の建築家の役割を学び続けたい。同じ年で友人の建築家、芦澤さんとは、手探りしながら確立していくであろう、建築家がこれから示すあらたな価値を共に探求したい。そして佐藤さんからは、まだ見ぬ、これぞ近代建築といった構造が決定していく空間の在り方を下で、学んでいたかった。この講評に駆けつけてくださった方々や、一緒になり、制作を応援してくださった設計、施工の技術者の方、そして音羽さんのように献身的に応援してくださる方々に、学生時代、ひとりでもお会いできていればあらゆる気づきを与えてくださったと思うが、大人になってからこれだけたくさんの「人」に出会うことができ、影響を与えていただけていることに感謝しきりである。でもこれに気づかせてくれたのは、この一連の、三重県伊勢市開催において、関わりを持たせてくださった地元の皆さんの思いからだろう。今日の開催に駆けつけてくださった三重県の鈴木英敬知事や、貴重な励みのお言葉まで頂戴した伊勢市の鈴木健一市長、そしてこの開催を支えてくださった美和ロックの和氣社長、神宮の関わりから数年来の尽力を重ねてくださった宮嶋さん、赤福の柘植さん、宿を提供くださった二見の松坂屋吸暇園の加藤さんご夫妻、皇学館大学の池山先生をはじめとする事務方の皆さま。アドバイザーとして学生らの大きな実現の支えとなってくださった、三重県建設業協会伊勢支部、吉川会長をはじめとする伊勢の建築を支える皆さま。三重県建築士会の森本会長には、実施制作のバトンを落としそうになった時に、会場にまで何度もかけつけ、問いただし助けてくださった。そして何より、一連の巻き込み全てにおいて頼りにしてしまった萩原建設の萩原さんには、本当に感謝をしてもしきれない程の気持ちである。

　参加した学生たちは過酷な制限のある中、この聖地をリサーチし歴史に連なるような提案を実現化するため、今まできっと体験したことのないような数々の困難に直面しながら実現化していったものだと本当に感心をしている。学生らには、このワークショップへの参加を通じて、小さくても空間体験ができる建築で提案を実現化していく体験をしたことで、これからも貴重な地域の自然環境と歴史的に貴重な場所を再発見し、自らが発想する空間への提案につなげてもらいたい。また実施する運営を主導し、バックアップしていた樋口や加古、澤田や宮本、小野、進行における高まる緊張を乗り切った古川をはじめとするAAFの運営スタッフたちには、最後までやり抜く信念を貫いたことに敬意を表したい。

　最後になりましたが、伊勢へ訪れるきっかけをくださり、幾度となく応援をし続けてくださった元せんぐう館の学芸、深田さんにも大変感謝しております。山本武士さんからも、多くのご助言をいただきました。深く御礼を申し上げます。共に取り組んでいただけた地元の建築家、湯谷さん、米田さんのご助力にも感謝しております。また、共催者となり伊勢に訪れるたび、幾度となく同行してくださいました、伊勢市観光振興課の、中村さん、奥野さん、東世古さん、異動をされてからもご面倒をかけ続けた、東浦さん。そして自ら伊勢についてご案内いただき、一番の理解者となり、この開催を成功に導き支え続けてくださいました須崎理事には、深く、感謝の意を表します。またこの開催に際して、実現に向けて学生らの全国から集まる負担を軽減するべく現地にまでお越しくださった関係者の皆さま、そして近畿日本鉄道の柴田部長には、深く御礼を申し上げます。

　そしてあらためて神宮司廳　音羽悟様。謹んで一連の想いへ、御礼申し上げます。感動をありがとうございました。

2018年9月2日
公開プレゼンテーションを終えた伊勢から難波への近鉄電車にて
平沼孝啓

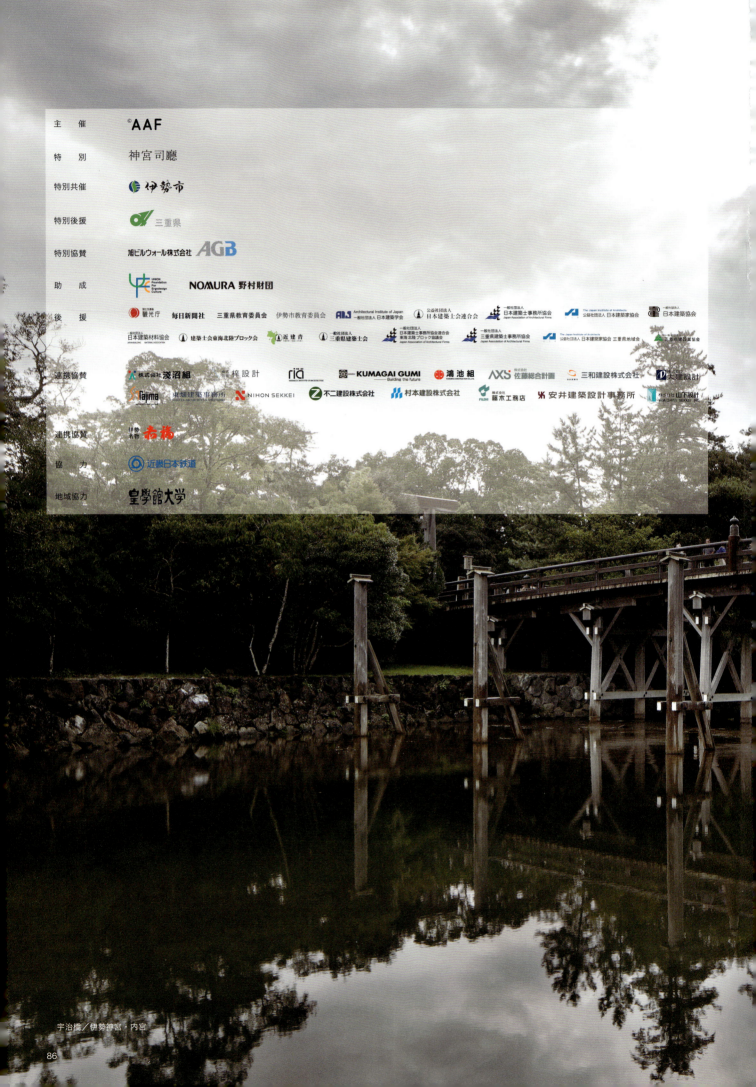

宇治橋／伊勢神宮・内宮